《新医科背景下专业课程思政教学指南》
编委会

主　编：马建辉　黄明芳

副主编：王　静　刘金仿　舒　涛

编　委：（按姓氏笔画排序）

　　　　　向　菲　刘晨曦　杨　俭　沈丽宁

　　　　　张　韦　张　兰　金新政　唐玉清

新医科背景下专业课程思政教学指南

主　编　马建辉　黄明芳
组　编　华中科技大学课程思政教学研究中心
　　　　华中科技大学同济医学院医药卫生管理学院

华中科技大学出版社
http://press.hust.edu.cn
中国·武汉

内容提要

以习近平新时代中国特色社会主义思想为指导,以新医科建设为大背景,聚焦立德树人根本任务、医学专业课程思政建设,本书根据临床医学、基础医学、公共卫生与预防医学、药学、护理学、医学创新类专业的特色和优势、育人目标,深度挖掘提炼专业知识体系中所蕴含的思想价值和精神内涵,从指导思想、思政内容与元素、教学目标与方法、教师角色与职责、学生参与和反馈机制、教学评价与质量保障等方面系统构建了一整套新医科各专业课程思政教学指南,以期对各医科专业设计课程思政体系、医科教师开展课程思政教学提供启发和借鉴。本书坚持专业教学与医德教育相融合,坚持医学人文与思政元素相结合,坚持全球卫生观念与大健康理念相促进;既体现医科与理科、工科、文科等的深度交叉融合,又体现医学教育教学与思想政治教育之间的融合互动,有助于推进医学教育的高质量发展。

图书在版编目(CIP)数据

新医科背景下专业课程思政教学指南 / 马建辉,黄明芳主编. -- 武汉 : 华中科技大学出版社, 2024. 6. -- ISBN 978-7-5772-0944-9

Ⅰ. G641

中国国家版本馆 CIP 数据核字第 2024JP4126 号

新医科背景下专业课程思政教学指南

Xinyike Beijing xia Zhuanye Kecheng Sizheng Jiaoxue Zhinan

马建辉 黄明芳 主编

总 策 划:	周晓方 陈 鹏
执行策划:	杨 玲 庹北麟
责任编辑:	张梦舒 庹北麟
封面设计:	原色设计
责任监印:	周治超
出版发行:	华中科技大学出版社(中国•武汉) 电话:(027)81321913
	武汉市东湖新技术开发区华工科技园 邮编:430223
录 排:	华中科技大学惠友文印中心
印 刷:	湖北恒泰印务有限公司
开 本:	787mm×1092mm 1/16
印 张:	10.5 插页:2
字 数:	187 千字
版 次:	2024 年 6 月第 1 版第 1 次印刷
定 价:	78.00 元

本书若有印装质量问题,请向出版社营销中心调换
全国免费服务热线:400-6679-118 竭诚为您服务
版权所有 侵权必究

国势之强由于人,人材之成出于学。教育事业,关乎中华民族永续发展,关乎党的事业后继有人,是国之大计、党之大计。进入新时代,以习近平同志为核心的党中央审时度势、高瞻远瞩,高度重视培养社会主义建设者和接班人,坚持把立德树人作为教育的根本任务,把思想政治工作贯穿教育教学全过程,深刻回答了"培养什么人、怎样培养人、为谁培养人"这一根本性问题,实现全程育人、全方位育人,开创了我国教育事业发展的新局面。

具体到医学领域,医学教育是卫生健康事业发展的重要基石,与教育强国和健康中国战略相关,以"大国计、大民生、大学科、大专业"为新定位,具有极端重要地位。党的十八大以来,我国医学教育蓬勃发展,为卫生健康事业输送了大批高素质医学人才。

当前,全面推进健康中国建设对医学教育提出新的时代命题,新科技革命和产业变革给医学教育带来新的外部挑战,医学教育自身面临的突出矛盾和问题对改革提出迫切要求。2018年,中共中央指出"高等教育要努力发展新工科、新医科、新农科、新文科"。2018年,教育部、国家卫生健康委员会、国家中医药管理局发布《关于加强医教协同实施卓越医生教育培养计划2.0的意见》。2020年,国务院办公厅印发的《关于加快医学教育创新发展的指导意见》提出以"四新"引领医学教育创新发展,以新理念谋划医学发展、以新定位推进医学教育发展、以新内涵强化医学生培养、以新医科统领医学教育创新。新医科建设连接着人才,也与科研、产业直接相关,一系列重要政策文件的出台,自上而下推动了"学科交叉、融合创新"的新医科建设。

本质上看,新医科建设是要实现医科与其他学科之间要素的重新配置和关系的重新构建。以新医科统领医学教育创新,既要体现医科与理科、工科、文科等学科的深度交叉融合,也应体现医学教育教学与思想政治教育之间的有机融合,确保医学人才培养与时代发展、国家战略需求始终同频共振。人民医学家、中国外科之父裘法祖曾说,"德不近佛者不可以为医,才不近仙者不可以为医。"医乃仁术,医者仁心,德医双修,医学教育培养的是"五术"卓越的医学人才。得其大者可以兼其小,卓越医学人才培养必须坚持育人和育才相统一,将思想政治教育贯通于其中,抓好课程思政建设。

医学课程蕴藏着丰富的思政元素,包含红医精神、科学精神、传统文化、医学人文关怀等,为开展课程思政探索提供了良好基础与有利条件。依托以上优势,本书以习近平新时代中国特色社会主义思想为指导,聚焦立德树人根本任务,以新医科建设为大背景,聚焦医学专业课程思政建设,从指导思想、教学目标、思政内容和元素、教学方法、教师角色与职责、学生参与和反馈机制、教学评价、教学质量保障等方面系统构建了一整套新医科课程思政教学指南,并分别根据临床医学、基础医学、公共卫生与预防医学、药学、护理学、医学创新类专业的特色和优势,以及不同专业的育人目标,深度挖掘提炼专业知识体系中所蕴含的思想价值和精神内涵,细化新医科各专业课程思政教学指南,期望对各医科专业设计课程思政体系、医科教师开展课程思政教学提供启发和借鉴。

育才造士,为国之本,共勉共进!

王建华

2024 年 6 月 20 日

第一篇　新医科背景下专业课程思政教学理论与教学指南总论

- 3　第一章　新医科课程思政教学发展背景
- 7　第二章　新医科课程思政教学指导思想
- 11　第三章　新医科课程思政教学目标
- 17　第四章　新医科课程思政的内容和元素
- 21　第五章　新医科课程思政的教学方法
- 27　第六章　新医科课程思政教学的教师角色与职责
- 34　第七章　新医科课程思政教学中的学生参与和反馈机制
- 40　第八章　新医科课程思政的教学评价
- 49　第九章　新医科课程思政的教学质量保障

第二篇　新医科背景下不同专业课程思政教学指南

- 57　第十章　临床医学专业课程思政教学指南

66　第十一章　基础医学专业课程思政教学指南

73　第十二章　公共卫生与预防医学专业课程思政教学指南

92　第十三章　药学专业课程思政教学指南

98　第十四章　护理学专业课程思政教学指南

105　第十五章　医学创新类专业课程思政教学指南

第三篇　新医科背景下专业课程思政教学案例

131　第十六章　医药卫生管理学院"组织行为学"课程思政案例

137　第十七章　第一临床学院"超声诊断学"课程思政案例

145　第十八章　公共卫生学院"儿童少年卫生学"课程思政案例

152　第十九章　基础医学院"组织学与胚胎学"课程思政案例

参考文献

第一篇 新医科背景下专业课程思政教学理论与教学指南总论

第一章
新医科课程思政教学发展背景

建设健康中国是实现国家实力全面提升和中华民族伟大复兴中国梦的重要基础。全方位全周期维护群众健康需要医学教育变革,健康服务业快速发展催生医学教育变革,健康领域科技进步孕育医学教育变革。为此,医学教育要主动适应新要求,以创新促改革,以改革促发展,着力培养大批卓越医学人才。2018年8月,中共中央指出"高等教育要努力发展新工科、新医科、新农科、新文科",正式提出"新医科"概念。2018年,教育部、国家卫生健康委员会、国家中医药管理局发布《关于加强医教协同实施卓越医生教育培养计划2.0的意见》,对新医科建设进行全面部署。2019年4月,教育部召开"六卓越一拔尖"计划2.0启动大会,成立了新医科建设工作组,为新医科建设提供了组织保障。2020年9月,国务院办公厅发布《关于加快医学教育创新发展的指导意见》,提出以"四新"引领医学教育创新发展:以新理念谋划医学发展、以新定位推进医学教育发展、以新内涵强化医学生培养、以新医科统领医学教育创新。一系列重要政策文件的出台,自上而下推动了学科交叉、融合创新的新医科建设。

新医科是医学教育领域响应健康中国建设的突破性改革,对医学教育模式有更全面的要求。传统医学教育在生物医学模式指导下,着眼于认识疾病的机理和影响健康的生物因素,忽视影响健康的心理、社会和环境等因素,呈现闭锁性特点。基于现代医学模式,即生物-心理-社会医学模式,新医科建设要求实现医科与其他学科之间要素的重新配置和关系的重新构建,主要体现为:一是要求现代型的医学人才,既要有自然科学方面的知识,又要有人文科学、社会科学方面的知识;二是要求医学生要有社会责任感和科学献身精神,能够树立正确的职业态度;三是在学习专业诊疗技能的同时,还应加强社会实践与自身体验等方面的锻炼。以新医科统领医学教育创新,是高等医学教育对未来医学发展新态势和人民健康新需求的回应，既要体现医科与理科、工科、文科等学科的深度交叉融合，也必须直面"培养什么人、怎样培养人、为谁培养人"这一教育的根本问题，体现医学教育教学与思想政治教育之间的融合互动，确保医学人才培养与时代发展、国家战略需求始终"同频共振"。

医学教育以培养人民健康的守护者为目标，基于新医科教育理念的指导，在医学人才的培养中，知识探究是基础，能力建设是核心，价值引领和人格养成是隐性主体，问题导向与课程思政有机融合更符合医科教学要求。德不近佛者不可以为医，才不近仙者不可以为医。医学人才不仅要医术精湛，而且要仁心仁术，将习近平新时代中国特色社会主义思想、社会主义核心价值观、中华优秀传统文化、宪法法治意识、职业理想、职业道德内化为精神追求，外化为自觉行动。党的十八大以来，高校思想政治教育工作上升为国家战略层面的重要工作，思想政治工作被明确为学校各项工作的生命线。高等医学院校人才培养是育人和育才相统一的过程，以新医科建设为契机，推动医学教育创新发展，建设高水平医学人才培养体系，必须将思想政治工作体系贯通其中，必须抓好课程思政建设。

课程承载思政、思政寓于课程，围绕全面提高人才培养能力这个核心点，课程思政要求高校所有课程都承担育人工作，构建高校课程体系合力机制，贯彻落实"三全育人"要求。长期以来，医学专业课程任务重、时间紧、压力大，使得思政课程常处于弱势地位，这也从侧面反映出医学专业课程思政的重要性与紧迫性。此外，医学专业课程蕴藏着丰富的思政元素，包含红医精神、科学精神、道德价值、传统文化、医学人文关怀等，为开展课程思政探索提供了良好基础与有利条件。围绕新医科课程思政建设，全国各地高校积极从医学课程中挖掘课程思政元素，或从思政元素探索课程思政实现路径，涌现出了形态多样、内容丰富的新医科课程思政教学案例和示范课程。例如，王敏珍等以"流行病学"课程为例，探讨了新医科背景下如何挖掘公共卫生与预防医学领域专业课程的思政内涵；金琳雅以"医学伦理学"课程为例，探讨了医学伦理学教学与课程思政理念的对接与实践；苏凤启以"抗疫精神"为出发点，从教学手段、课程资源和教学载体三维度，探索"抗疫精神"融入课程思政的实践路线。以上探索多为案例分析、局部探索，针对新医科背景下，如何系统性突破医学专业教育、思政教育之间的壁垒，实现道德引领与知识传授、能力培养的有机统

一、协同推进课程思政教育体系建设与发展等方面的问题仍亟待解决,具体表现为以下方面。

一、课程思政的顶层设计待完善

习近平总书记指出,各门课都要守好一段渠、种好责任田,使各类课程与思想政治理论课同向同行,形成协同效应。寓价值观引导于教育教学,当前部分医学课程思政探索,已将思政元素具体到教学章、节或知识模块、知识点和学业评价等教育教学全过程中。但以上探索多为微观、中观视角,普遍以某个或某类课程为例,研究经验尚不充分,对案例思政教育内涵的挖掘不深、总结不足,缺乏世界观和方法论层次上的系统思维和核心价值引导,缺乏宏观视角对新医科课程思政整体体系的顶层设计,具体表现为:一是新医科背景下医学课程思政的指导思想、原则、目标不够明确;二是不同类别课程承担的育人功能和思政目标的差异性、关联性和层次性不够明确,存在"一锅煮""一个样"现象,甚至同一门课程的课程思政教育过程也缺乏系统性和连贯性,部分热点思政元素被高频应用于各类医学课程教学,部分思政元素因无明确要求则被普遍忽视。思政元素的选择呈现出随意性、孤立性、同质性,课程思政目的的实现不系统、不全面、不连贯。

二、思政元素的融入方式待完善

课程思政是一个复杂的、开放的、动态的系统,如何真正做到育知和育德的有机融合,达到育人和育才的真正统一,是课程思政实现教育价值的重点难点。最理想的课程思政,像盐溶解于各种食物中,潜移默化,自然吸收。聚焦医学专业,思政课程讲授道德规范和法律原则基本知识,可以结合具体医疗实践,讲解如何才是有道德、不违法的医疗;思政理论讲马克思主义原理,可以结合专业课程讲如何运用哲学原理培养批判性思维能力;思政课程讲授中国特色社会主义理论,可以结合专业课程教育学生如何让医疗行为符合国家发展和人民需求等。如此,方可将思政元素有机融入课程教学,达到润物无声般的育人效果。按照"课程门门有思政、教师人人讲育人"的课程思政建设思路,推动全部医学专业课程建立德育目标并融入思政元素已成为进行时或者完成时,但在融入形式上还普遍存在不足,医学专业教学内容与思政案例融合设计的实现途径尚不明晰,课程思政更普遍呈现为思政元素、思政理论的简单重复叠加,医学专业课程高度专业性背后潜藏的强大说服力和感染力未被充分激发。

三、课程思政考核机制尚待完善

新医科课程思政因教育体系的不完善也相应难以全面衡量和评价效果。一是课程思政体系设计"碎片化"。专业课教学计划和大纲的制定既未充分考虑思政元素的统筹设计,也未探求医学相关学科的交叉、融合。相较于专业课由浅入深、由易到难的内在逻辑性,教师在课堂上所运用的思政元素是相互独立的,不具有集成性和连贯性。二是育人师资队伍"零散化"。集中教育教学资源,实现协同育人是提高课程思政实效性的关键,医学教育育人主体众多,包括基础、临床、公卫等各类专业教师,各育人主体之间因知识结构背景不同,容易对育人机制产生分歧,形成各不相谋、各行其是的工作困局。基于以上客观条件,部分高校被动采取了较为单一的定量指标考核课程思政育人效果,但难以帮助专业课教师对课程思政育人价值形成情感认同,反而会带来思想负担。此外,部分高校奖惩机制不健全,大大削弱了教师践行课程思政的积极性和创造性,教师发展与学生培育共促共长的局面未能形成,掣肘了高等医学教育的快速发展。因此,一个多元化的课程思政考核与激励机制亟待完善。

第二章
新医科课程思政教学指导思想

一、新医科课程思政教学理念

新医科课程思政建设要紧紧围绕坚定学生理想信念,以爱党、爱国、爱社会主义、爱人民、爱集体为主线,围绕政治认同、家国情怀、文化素养、宪法法治意识、道德修养、医德教育、人文精神等重点优化课程思政内容供给,系统进行中国特色社会主义和中国梦教育、社会主义核心价值观教育、法治教育、劳动教育、心理健康教育、中华优秀传统文化教育,培养医学使命感、职业价值观,让各类医学专业课程与思想政治课程同向同行、理念统一、协同发展。

1. 专业教学与医德教育相融合

中国外科之父、肝胆外科和移植外科泰斗裘法祖院士曾提出,"德不近佛者不可以为医,才不近仙者不可以为医。"可见,医德教育是医学教育的价值体现,"医乃仁术"是医学教育本质的最好诠释。良医的造就并非一朝一夕,而是伴随着对医学行业的了解、医学行为的认知、医学伦理的正视、医学道德的遵守才步步深入的。医德教育有利于医学生形成正确的道德观念、职业定位,从学习的最初阶段养成良好品行,主动肩负服务人类健康的神圣职责,这与思想政治教育功能一致、同向同行、相辅相成、不可分割,新医科课程思政要切实发挥医德教育的引领作用,把医德教育融入医学院校课程思政建设体系,切实推动专业教学与医德教育相融合,为良医养成有力护航。

2. 医学人文与思政元素相结合

美国医生特鲁多曾留下"有时是治愈,常常是帮助,总是去安慰"的墓志铭,揭示了医学伦理中的人文精神。现代医学模式在生物医学的基础上,将心理、社会因素纳入医学范畴，医学从此逐渐覆盖健康的概念外延，转变为生物-心理-社会医学模式。我国的医学教育受传统生物医学模式的影响较大，以医学知识传授和技能培养为主，对医学生的医学人文精神的培养不够。目前，高校医学人文教育的课程主要包括医学伦理学、医学心理学、医患沟通学、卫生法学、医学哲学、医学社会学、医学史及医学导论等。以上医学人文课程与高校思政课程可以形成丰富的内容衔接，是新医科背景下医学专业课程加强思政建设的必要桥梁，也是医学院校思政课程提升亲和力和针对性的有效桥梁。在人文课程桥梁化的定位下，新医科课程思政建设应坚持医学人文与思政元素相结合，推动专业课程和思政课程实现有效互通。

3. 全球卫生观念与大健康理念相互促进

2013年3月，习近平总书记提出人类命运共同体的理念。2020年3月，习近平总书记提出"打造人类卫生健康共同体"，人类卫生健康共同体是人类命运共同体理念的重要组成和实践延伸。树立全球卫生观念，共同构建人类卫生健康共同体是着眼长远应对各种重大公共卫生突发事件的根本大计。当前，健康问题的有效应对除了全球卫生治理外，还需要树立大卫生、大健康的观念，把以治病为中心转变为以人民健康为中心，使大健康融入万策。这种全球卫生观念与大健康理念相互促进的跨国界、跨学科、跨部门的多主体参与的健康促进行动，是新医科课程思政引导医学生牢固树立"四个正确认识"的必然要求，需要重点挖掘布局，提升育人效果。

二、新医科课程思政教学宗旨

1. 价值引领，以伟大医者精神践行医学初心

"健康所系，性命相托""除人类之病痛，助健康之完美"是每一位医者的职业誓词和庄严承诺，更是医学生追求精湛医术和高尚医德的精神映照，是医学生在求学阶段对人类身心健康、祖国卫生事业发展的高度责任感的表达。以伟大抗疫精神为例，在抗疫的大战大考中，无数"逆行"的白衣天使、震撼人心的抗疫事迹、团结创造的人间奇迹都是"敬佑生命、救死扶伤、甘于奉献、大爱无疆"的医者精神的有力践行，也是助力新时代医学生成长成才的宝贵教育资源。新医科课程思政要充分紧密围绕医者精神，充分挖掘医学生誓词的教育意义，强化思想价值引领，让新时代医学生铭记从医行医的初心，激发医者的责任感、勇气与力量,点燃把小我融入大我、把青春献给祖国的奋斗激情,为党和国家的健康事业提供源源不断的新生力量,为实现中华民族的伟大复兴保驾护航。

2. 文化浸润,以中华优秀传统文化滋养学生

坚持把马克思主义基本原理同中国具体实际相结合、同中华优秀传统文化相结合,实现党的理论创新是推进马克思主义中国化时代化的根本途径。中华民族拥有光辉灿烂的历史,培育了坚强不息的民族精神,形成了源远流长、博大精深的优秀传统文化。中医药作为中华民族原创的医学科学,是中华文明的杰出代表,深刻反映了中华民族的世界观、价值观、生命观、健康观和方法论,兼具科学和人文的双重属性。新医科课程思政教育中,要坚持立德树人,坚定文化自信,充分发挥中医药独特优势,将优秀传统文化贯穿医学生教育的全过程。以优秀中华传统文化感染和熏陶学生,将古代医药学家"医乃仁术""天人合一"的医学精神渗透到医学生的为人处世和家道伦常之中,让医学生立足于中华优秀传统文化的丰厚土壤,以高度的文化自觉来坚定医学生的文化自信。

3. 知行合一,以丰富多样社会实践锤炼学生

医学是与实践密切相关的一门学科,马克思主义实践观认为,实践是认识的来源,是认识发展的根本动力,是检验认识正确与否的唯一标准。坚持立德树人,要在社会实践中培养医学生的高尚医德。一是要明确医学生培养过程中实践教育的重要性,有效落实医学生规范化培训、教学改革等方面的方针政策,为医学生通过社会实践感受知识创造条件;二是引导医学生发挥专业特长,积极参与健康有益的课外实践活动,特别是结合理想信念教育、社会主义核心价值观教育开展义诊咨询、健康宣教、困难帮扶、宣传中医药文化等志愿服务活动,促使学生在实践中坚定从医信念;三是鼓励医学生在学与做中创新实践,创新医学教育的课堂教学方式,坚持在临床实践中培养锻炼,为祖国医学事业培养富有创新精神的优秀医学人才。

三、新医科课程思政教学原则

新医科课程思政,既要从理论层面把握"课程"与"思政"的内在关联,揭示其学理逻辑与实践思路,又要厘清课程思政的层次性与多维性,为课程思政的具体实施乃至高校思想政治理论课建设提供科学的理论依据,因此,应坚持如下原则。

1. 坚持知识主体原则,遵循医学教育客观规律

推进新医科课程思政建设,要坚持知识主体原则,坚持实事求是原则,遵循医学教育客观规律,遵循医学专业课程设置初衷。课程思政不是改变专业课程的本来属性,把专业课改造成思政课模式,也不是每门课都要体系化、系统化地进行德育活动,把所有课程都当作思政课程,更不是每堂课都要机械、教条地安排思政教育内容,而是要善于结合课程的特点,谙熟相关课程的属性、特征以及教学实践活动的方式和规律,使专业课程与思政课程、专业课程与专业课程之间同向同行,形成协同效应。各门专业课程依据自己的价值属性、功能特点和教育内容合理定位、有效分工,育人的责任由专门的思政课程辐射、延展乃至浸润到全部课程中。

2. 坚持润物无声原则,推动思政元素有机融入

课程思政不能只做"物理焊接",不是课程与思政的简单组合与叠加,而是要产生"化学反应"。课程思政关键在于尊重学生的主体地位,把握好思政元素融入的节点和时机,激发学生的学习自觉性,使其形成好学乐学的习惯,实现专业知识与理想信念、品德修为、文化自信等的内在融合。每门医学专业课程有其自身的特点、规律和教学方式,专业课教师在开展课程思政的时候,不仅要具备扎实的专业素养,领会课程思政的价值理念,而且能够根据自己教授的课程寻找结合点,巧妙地将专业课程中思想政治教育元素提取并有机融入教学活动中。这里的结合点体现为课程与思想政治教育的价值契合点,可以包括课程的教学目标、教学内容以及教师自身的经历与体验等。

3. 坚持守正创新原则,动态持续提升教学实效

坚持守正创新是党的二十大报告中强调的"六个必须坚持"之一,守正创新体现了"变"与"不变"的辩证统一。守正是本源、根基和前提,为创新立魂、立本、立根,是"不变",守正要保持马克思主义一脉相承之"魂脉"、中华优秀传统文化安身立命之"根脉"以及医学专业教育言传身教之优良传统。创新是趋势、方向和动力,推动守正求新、求进,是"变"。当前,以人工智能、大数据为代表的新一轮科技革命和产业变革扑面而来,医学专业教育由重治疗向预防、康养延展,新医科课程思政建设也要顺应新一轮科技革命和产业变革的要求,不断对教学方式方法进行调整与创新,进一步健全和完善校内教学评估的工作机制。

第三章
新医科课程思政教学目标

教育部实施"六卓越一拔尖"计划 2.0,提出推动新医科建设,将传统医学与人工智能、大数据、智能机器等融合,开设精准医学、转化医学、智能医学等新专业。新医科的"新"体现在背景的变革、理念的创新以及专业的多样化。它旨在适应信息时代的医学需求,推动医学与科技的融合,培养能够运用交叉学科知识解决未来医学领域前沿问题的高层次医学创新人才。新医科的"新"主要包括以下几个方面。

①新背景。新医科的发展背景是人类社会从工业文明逐步进入信息文明,科技革命和产业变革对人才需求发生了转变。随着互联网、智能化、脑认知、芯片、精准医疗、大数据等新概念的出现,传统医科已不足以应对时代变革。因此,新医科应运而生,旨在重构核心知识,培养适应信息时代医学研究和医疗实践需求的复合型人才。

②新理念。新医科提出了从治疗为主到兼具预防治疗、康养的生命健康全周期医学的新理念。传统医学注重疾病的治疗,而新医科强调整合精准医学、转化医学等新领域,将医学与人工智能、机器人、大数据等进行融合。这种综合性的医学理念可以更好地满足人们对健康的全面需求,并促进医学与科技的深度融合。

③新专业。新医科开设了精准医学、转化医学、智能医学等新专业。精准医学注重个体化的医疗策略,通过基因组学、生物信息学等技术为患者提供定制化的诊断和治疗方案。转化医学则致力于将基础医学研究成果迅速应用于临床实践,加速科学发现向临床转化的过程。智能医学结合人工智能和大数据分析等技术,提供智能化的医疗决策支持和个性化的健康管理服务。这些新专业的设立反映了新医科对于新兴领域的关注,并为培养适应未来医学发展需求的专业人才提供了平台。

面对世界百年未有之大变局,在服务国家战略、医疗需求和未来发展上,新医科培养的医疗科技人才应有家国情怀、使命担当,应德才兼备,兼具责任意识和创新能力,保持道德高尚和精神富有,引领未来医疗技术发展。"德学兼修、德才兼备"是新时代对高等教育人才培养的总体要求,也是新医科背景下课程思政建设的重要教育目标。

一、新医科课程思政教学目标制定依据

随着日新月异的社会发展和越来越多的医学科技应用,新医科课程思政教学目标的制定显得尤为重要。为确保教学目标的科学性和合理性,制定依据时应首要遵循的是国家教育政策和法律法规,积极践行习近平全面依法治国新理念新思想新战略,保证医学教育的合法性,深化法制观念,坚定走中国特色社会主义法治道路的理想和信念。其次,新医科课程思政教学改革既是对传统医学课程的进一步优化,更是对培养具备全面素养的医学专业人才的急迫需求的回应。因此,在制定教学目标时,要以科学、合理的方式审视医学专业的独特特征和要求,以确保新医科课程思政教学目标更好地适应医学专业人才培养的需求。再次,要深刻认识到医学专业人才的培养目标应当紧密贴合社会需求。当前社会对医学专业人才的需求越来越多元化,要充分考虑社会对医学专业人才的期望,使教学目标更加符合实际应用和社会服务要求。最后,要加强对学生个体差异和发展需求的关注,以确保教学目标既能够全面覆盖医学专业的知识体系,又能够关注学生个体的成长需求,促使学生在学术和人文素养上取得更全面的发展。

综上所述,制定依据应以国家政策和法律法规为基础,同时融入医学教育改革的紧迫性、专业特点、社会需求和学生个体差异等多方面因素,确保新医科课程思政教学目标的科学性和合理性,使教育目标更加贴近实际、更具前瞻性,以满足医学专业人才培养的多元需求。

1. 国家教育政策和法律法规

制定新医科课程思政教学目标要以国家教育政策和法律法规为重要依据,与国家的教育发展方向和要求保持一致,以培养具有良好法律修养和思想道德素质的医学人才。以下是一些具体的教育政策和法律法规对新医科课程思政教学目标制定的参考价值。

①《中华人民共和国教育法》:该法规定了教育的宗旨、原则和任务,明确了培养社会主义建设者和接班人的要求。在新医科课程思政教学目标的制定中,应当遵循这些法律规定,培养学生树立社会主义核心价值观、爱国主义、集体主义等正确的思想观念。

②教育部相关文件:教育部发布的一系列文件和通知对新医科课程思政教学目标提出了具体要求。例如,教育部关于高等医学教育改革的指导意见,要求注重培养医学人才的社会责任感和职业道德,强调医学伦理教育的重要性。

③医学教育标准:作为卫生健康委员会发布的关于医学教育的标准文件,对新医科课程思政教学目标进行了明确规定。该标准要求培养学生具备正确的世界观、人生观和价值观,注重社会实践和职业道德教育。

④其他相关法律法规:新医科课程思政教学目标的制定还需要考虑其他相关法律法规的要求。例如,涉及医疗行业的法律法规,如《医疗机构管理条例》《中华人民共和国医师法》等,对医学从业者的职业道德和法律意识提出了要求。

2. 医学教育改革的需要

随着科技的进步和医疗模式的转变,医学教育需要不断进行改革,以适应医学领域的发展和社会需求的变化。

①适应医学科学发展:医学科学日新月异,新的疾病、新的治疗方法和新的技术不断涌现。因此,医学教育需要及时更新课程内容,引入最新的医学知识,培养学生具备前沿的科学理论和实践能力。

②培养医学人文素质:医学从业者不仅需要具备专业知识和技能,还需要良好的人文素质,关心病人的身心健康,尊重病人的人格和隐私,建立良好的医患关系。因此,新医科课程思政教学应该注重培养学生的人文关怀和职业道德。

③强化终身学习意识:医学领域的知识更新速度快,医学人员需要具备终身学习的意识和能力,以掌握不断变化的医学知识和技术。因此,新医科课程思政教学应培养学生自主学习和持续学习的能力。

④强调团队沟通协作:现代医学越来越强调团队合作和跨学科合作。医学从业者需要与其他卫生从业人员、患者家属等进行有效的沟通和合作。因此,在新医科课程思政教学目标的制定中,应注重培养学生的沟通与协作能力。

3. 社会需求和人才培养目标

医学从业者在社会中承担着重要的责任,需要具备一定的社会责任感和职业道德。新医科课程思政教学应始终坚持以下方面。

①坚持为党育人、为国育才:人才培养的主要目标必须同中国特色社会主义建设的现实目标和未来方向保持一致,将培养德智体美劳全面发展的社会主义建设者和接班人作为重要任务。

②坚持马克思主义价值取向:坚定对马克思主义的信仰、对社会主义和共产主义的信念,加强政治觉悟,树立成为社会主义合格建设者和可靠接班人的使命意识。

③坚持习近平新时代中国特色社会主义思想的指引:培育坚决拥护中国共产党领导和我国社会主义制度、具有深厚爱国主义情怀和强烈中华民族自豪感、积极投身社会主义现代化建设和中华民族伟大复兴事业,并立志为其奋斗终身的新时代人才。

4. 学生的发展需求和特点

学生是新医科课程思政教学的主体,制定新医科课程思政教学目标需要根据学生的认知水平、成长阶段等因素,因材施教,合理确定教学目标。

①认知水平:学生的认知水平随着年龄的增长和学习经历的增加而不断发展。需要根据学生的认知水平确定教学内容和教学方法,使其能够理解和掌握相关的思政知识。

②成长阶段:学生处于不同的成长阶段,身心发展和心理特点也有所差异。需要根据学生的成长阶段确定不同的教学目标,多阶段个性化教学,注重学生不同时期的个性化培养。

二、新医科课程思政教学具体目标

新医科专业人才培养的目标是培养造就一批具有"知识扎实的学术、本领过硬的技术、方法科学的艺术"和"敬佑生命、救死扶伤、甘于奉献、大爱无疆"医者精神的高素质复合型卓越新医科人才,定位于满足国家战略实施、医学发展的专家骨干和领军人才,扎根中国大地了解国情民情,把人民群众生命安全和身体健康放在第一位,具备优秀的综合素养和人文素养。下面通过剖析教学的具体目标,进一步明确德才兼备的卓越新医科人才要具备的素质、知识和能力。

1. 德才兼备与仁心仁术

①具有良好的思想水平、政治觉悟、道德品质、文化素养,明大德、守公德、严私德。

②养成良好的道德品质和行为习惯,崇德向善、诚实守信,热爱集体、关心社会。

③具备"珍爱生命、大医精诚"的救死扶伤精神,将预防疾病、解除病痛和维护群众健康作为自己的神圣职责。

④关爱患者、尊重患者人格和保护患者隐私。

⑤能够在不同情境下以不同的角色进行有效沟通,如医生、健康倡导者、研究者等。

⑥关心社会问题,积极参与社会服务和公益活动,为社会贡献医学专业知识和精神力量,体现仁心仁术的社会责任。

2. 健康意识与社会责任

①具有保护并促进个体和人群健康的责任意识。

②能够了解影响人群健康、疾病诊断和有效治疗的因素,包括健康公平性、文化和社会价值观的多样性,以及社会经济、心理状态和自然环境等因素。

③能够解释和评估人群的健康检查和预防措施,包括人群健康状况的监测,患者随访、用药、康复治疗及其他方面的指导等。

④能够了解医院医疗质量保障和医疗安全管理体系,明确自己的业务能力与权限,重视患者安全,及时识别对患者不利的危险因素。

⑤能够了解我国医疗卫生系统的结构和功能,以及各组成部门的职能和相互关系,理解合理分配有限资源的原则,以满足个人、群体和国家对健康的需求。

⑥能够了解全球健康问题以及健康和疾病的影响因素。

3. 职业精神与专业素养

①能够根据《中国医师道德准则》,为所有患者提供人道主义的医疗服务。

②能够了解医疗卫生领域职业精神的内涵,在工作中养成同理心,尊重患者并提供优质服务,塑造真诚、正直的品格,提高团队合作和领导力等素养。

③能够掌握医学伦理学的主要原理,并将其应用于医疗服务中。能够与患者及其家属或监护人、同行和其他卫生专业人员等有效地沟通伦理问题。

④能够了解影响医生健康的因素,如疲劳、压力和交叉感染等,并注意在医疗服务中有意识地控制这些因素,同时知晓自身健康对患者可能构成的风险。

⑤能够了解并遵守医疗行业的基本法律法规和职业道德。

⑥能够意识到自己专业知识的局限性,尊重其他卫生从业人员,并注重相互合作和学习。

4. 科学素养与人文精神

①正确看待世界、认识自我,并以科学的态度对待问题。

②正确认识历史规律、准确把握基本国情,掌握科学的世界观、方法论。

③树立正确的人生目标、价值追求和生活态度。

④具有坚定的理想信念和强烈的爱国主义情怀。

⑤具备人文关怀,注重患者的身体健康和心理健康。

⑥树立自主学习、终身学习的观念,认识到持续自我完善的重要性,不断追求卓越。

第四章
新医科课程思政的内容和元素

新医科建设是在以人工智能、大数据为代表的新一轮科技革命和产业变革的背景下，医工理文融通，对原有医学专业提出新要求，发展精准医学、转化医学、智能医学等医学新专业的重要探索，是推动现代医学进一步纵深化、高质量发展的重要引擎。新医科建设要坚持走中国特色的医科教育发展之路，构建世界水平、中国特色的医科人才培养体系。新医科背景下，必须落实立德树人根本任务，把医学教育摆在关系教育和卫生健康事业优先发展的重要地位，立足基本国情，以服务需求为导向，着力创新体制机制，分类培养研究型、复合型和应用型人才，全面提高人才培养质量，为推进健康中国建设、保障人民健康提供强有力的人才保障。基于此，本教学指南将新医科背景下专业课程思政的内容要素归纳为家国情怀教育、科学精神教育、创新能力教育、职业道德教育、人文素养教育和社会实践教育。

一、树立家国情怀，奉献医疗事业

家国情怀指家国同构的社会伦理价值体系，是个体对国家和人民表现出的深情大爱，对全人类共同价值的追求，以及对共同体责任的自觉担当。家是国的基础，国是家的延伸，在中国人的精神谱系里，国家与家庭、社会与个人，都是密不可分的整体。家国情怀是植根于我们血脉之中的文化传承，是一种深层次的文化心理密码。家国情怀教育旨在激发学生对中国特色社会主义文化的学习兴趣，激发学生产生爱国情、强国志、报国行，引导学生增强文化自信，树立正确文化观，主动服务国家重大战略，争做具有家国情怀的道德榜样。

在医学教育中，家国情怀体现为培养医学生的责任感、使命感和对服务社会的热忱。培养学生的家国情怀对于加强医疗事业的建设和发展非常重要。

要深入了解国家的医疗事业发展现状和需求,关注国家的卫生健康政策和法规,并将其融入医学教育中。在课程中,可以通过讲解国家医疗政策和医疗改革的案例,引导学生理解医学教育与国家医疗事业的关系,培养学生对国家医疗事业的热爱和责任感。

二、严谨治学,求真务实

科学精神是指以科学理论和方法为基础,追求真理、追求知识、追求创新的思维态度和行为方式,是培养医学生科学思维能力和创新精神的重要途径。科学精神的培养可以帮助医学生建立起扎实的基础知识,掌握科学研究的方法和技巧,使其能够适应医学领域的发展和变化。同时,科学精神也能够引导医学生在临床实践中遵循科学原则,提高诊疗的准确性和有效性,为患者提供更好的医疗服务。在医学教育中,科学精神的培养体现在以下几个方面。

①探索精神。鼓励学生主动探索、提出问题、寻求解答。医学是一个不断发展和进步的领域,学生应该具备主动学习和不断追求新知识的精神。

②批判思维。培养学生批判性思维能力,使其能够客观分析和评价医学问题,不盲从、不轻信,善于质疑和思考。

③科学的实证精神。注重医学知识的实证基础,强调临床实践和科学研究的重要性。学生应该具备基于科学证据做出决策的能力。

④创新意识。鼓励学生积极思考、勇于创新,培养解决实际问题的能力。医学领域需要不断创新和改进,学生应该具备创新意识和创新能力。

三、加强创新能力,关注医学前沿

创新能力是在技术和各种实践活动领域中不断提供具有经济价值、社会价值、生态价值的新思想、新理论、新方法和新发明的能力。创新精神强调培养医学生在医学领域中具备勇于探索、敢于创新的意识和能力,打造新医科背景下的知识创新,以满足新时代我国新发展阶段对新医科人才的需求,服务于社会和经济发展。在新医科课程思政教学中,创新精神的培养体现在以下几个方面。

①培养学生的创新意识。通过开展创新教育和创新实践活动,引导学生

关注医学领域的前沿动态和新技术,激发学生对创新的兴趣和热情。

②提升学生的创新能力。通过开设创新课程和实践项目,培养学生的科学研究能力、创新思维和解决问题的能力,让学生能够在医学实践中提出新的观点、方法和治疗方案。

③鼓励学生的创新实践。为学生提供创新实践的平台和资源,鼓励参与科研项目、学术竞赛和创业创新活动,培养实践能力和团队合作精神。

④营造创新文化氛围。通过教育教学改革和学科建设,营造鼓励创新的学习环境和氛围,促进师生之间的创新交流和合作,激发学生的创新潜能。

四、坚守医学伦理,培养职业道德

职业道德强调培养医学生具备高尚的职业操守和责任心。随着医学技术的进步和医疗环境的变化,医学生需要具备高尚的职业操守和责任心,以适应复杂多变的医疗实践,同时树立正确的职业价值观,坚守医学伦理原则,提高患者满意度和医疗质量。新医科课程思政教学中的职业道德主要包括以下几个方面。

①尊重生命和人权。尊重患者的生命权、健康权和人权,不歧视任何人,不以种族、性别、年龄、宗教信仰等因素区别对待患者。

②保护患者隐私和保密。严格遵守保护患者隐私和保密的原则,不泄露患者的个人隐私和病情信息。

③公正和公平。按照公正、公平的原则,不因个人偏见或其他不正当因素区别对待患者。

④尊重和沟通。尊重患者的意愿和选择,与患者进行充分的沟通和交流,尊重患者的知情权和自主权。

⑤诚信和负责。保持诚实、正直的态度,对患者负起责任,不夸大病情或隐瞒真相。

五、提升人文关怀,建立医患信任

医学不仅是一门科学,更是一门艺术。医学教育不仅要培养学生的医学知识和技能,还要关注他们的人文素养和医德医风的养成。人文关怀要求医学生更好地理解患者的需求和情感,提供更加个性化和综合性的医疗服务。医学中的人文关怀具体表现在以下几个方面。

①尊重患者。在对待患者时要尊重他们的人格和尊严,倾听他们的需求,关心他们的感受,给予他们足够的关注和理解。

②沟通与共情。善于与患者进行有效的沟通,用平等、亲切、耐心的态度与患者交流,理解他们的病情和需求,增强医患之间的信任和共情。

六、躬身实践,知行合一

实践能力是指将理论知识应用于实际问题解决的能力,是学生运用所学知识进行实际操作和实践活动的能力。新医科课程思政教学应注重培养学生的实践能力,要求学生具备扎实的理论基础。学生需要通过学习相关的思政理论,了解和掌握国家政策、法律法规以及社会发展动态,为实践活动提供理论指导和支撑。通过实际操作、实地实习和实践活动来培养学生的实践能力和思政素养,在新医科课程思政教学中,实践能力的培养主要体现在以下几个方面。

①提高学生解决问题的能力。通过实践活动,学生可以将所学的理论知识应用于实际问题的解决过程中,锻炼分析、判断和决策能力,提高解决问题的能力。

②增强学生实际应用的能力。新医科课程思政教学注重将学生所学的知识和技能应用于实际生活和工作中。学生需要通过实践活动,将所学的理论知识与实际情况相结合,解决实际问题,提高自己的实际操作能力。

第五章
新医科课程思政的教学方法

在充分挖掘专业课程蕴含的思政元素的前提下,采用合适的教学方法在传授专业知识的同时,将思政元素恰当准确地传递给学生显得尤为重要。

新医科课程思政教学要紧扣课堂教学"主渠道",制定行之有效的教学方法,落实到课程思政实施,将思想价值引领贯穿于教学计划、课程内容、教学模式等各个环节。为最大限度地发挥课程的育人功能,教学过程中要精准把握课程思政核心,优化课程思政体系内容建设,创新课程思政的教育路径,培养出具有高尚职业道德和高度社会责任感的高素质医学人才。

一、教学方法

课程思政属于德育教育,应侧重于情感体验和行为锻炼,课程思政实施应注重主动性、参与性、情感性和体验性。专业课教师在传授知识的同时,应积极改进教学方法,如采取问题引导、合作交流、线上线下混合式教学等方法,在润物无声中切实完成对学生的价值引领和精神塑造。同时,在课程思政建设过程中要注重创新,利用现代信息技术,采用多种结合方式,例如第一课堂与第二课堂相结合、课上互动与课下答疑相结合等方式,组织和引导学生积极参与和体验,不断提升课堂质量。

1. 混合式教学

随着科技的发展和教育方式的不断更新,线上学习与线下讨论相结合的混合式教学方法逐渐受到广泛关注。在特定的教学主题下,线上学习是重要基础,线下课堂讨论是核心环节,最后采用小组讨论、游戏抢答等形式对学生任务完成的程度进行检测。该教学方法可以有效整合线上和线下的教学资源,实现教师与学生的互动,提高学生的学习效果和兴趣,有利于培养学生的自主学习能力和团队合作精神,同时有助于提高教师的教学水平和教学质量。在督促学生完成线上任务的前提下,教师的线下教学需要从"讲授型"向"启发式"转变,让学生成为学习的主角,教师则是学生思考的引导者。

在新医科课程思政教学中,线上学习和线下讨论相结合的混合式教学方法一方面有助于学生了解课程专业知识,另一方面从国家战略角度出发,将专业小课堂与社会大课堂、思政大课堂紧密结合,能够极大发挥思政教学的作用,为其注入新的活力。

2. 情境模拟教学

情境模拟教学是指通过对事件或事物发生与发展的环境、过程的模拟或虚拟再现,让受教育者理解教学内容,进而在短时间内提高能力的一种认知方法,该方法需要将情境展示与空间想象相结合。情境展示是指在课堂上对相关实践、实验等进行现场操作和演示,通过真实的情境再现,帮助学生更好地理解相关概念和特征,让学生体会操作过程中所需的严谨、细心等,体会到正确实验、准确操作的重要性。空间想象则需要通过虚拟现实设备,让学生在虚拟环境中进行观察和操作,以提升学生的空间想象能力和解决问题的能力,培养学生认真务实的医学精神和细致耐心的医学素养。情境展示与空间想象相结合的教学方法通过多种手段的组合和应用,能够有效提升学生的学习效果和兴趣,不仅可以帮助学生更好地理解实际操作情境,还可以培养学生的创意思维和实践能力,让学生得到启发和提升。

3. 案例教学

案例教学将榜样的力量与知识讲授相结合。榜样的力量是通过讲好中国医学家的故事,全面展现榜样们在追求目标和面对挑战时所表现的优秀品质,弘扬前辈探究科学真理和坚忍不拔的精神,激励学生汲取榜样的力量,引导学生反思自己的行为和态度,向榜样看齐,形成内在的学习动力;知识讲授是教学过程中的重要环节,需要教师能够深入浅出地讲解知识点。榜样的力量和知识讲授相结合的教学方法需要教师根据榜样的事迹和精神内涵引入相关知识点,提高学生对教学知识点的学习兴趣,加深对知识点的理解。同时,通过案例分析、事实论证等方式丰富教学内容,提高教学效果。进一步辅以实践应用和反馈评估环节,帮助学生更好地掌握知识点,提高他们的实践能力。

4. 启发式教学

启发式教学是指教师在教学过程中根据教学任务和学习的客观规律,从学生的实际出发,采用多种方式,以启发学生的思维为核心,调动学生学习的主动性和积极性,促使他们愉悦学习的一种教学指导思想。医学课程思政需要启发拓展与基础巩固相结合的教学方法,既注重基础知识的掌握,又注重思维的拓展和能力的培养,要求教师在讲解知识点的基础上,进一步启发学生拓展思维,培养学生解决问题的能力。我国当前的医疗研发成果、研究进展成果丰富,在实际新医科课程思政教学中,可以根据具体情况灵活运用这些成果和进展。一方面可以让学生了解医学基础前沿和我国科研工作者在医疗领域做出的突出贡献,突显自主创新的重要性;另一方面也有助于培养推动学生的创新意识,增强学生的国家认同感和民族自信心,以达到最佳的教学效果。

5. 实践教学法

理论性是思政课的基本属性,重视理论性是思政课课程性质和教学目标的内在要求。马克思主义认识论认为,实践是检验真理的唯一标准。推动思政课改革创新,要坚持理论性和实践性相统一,在理论和实践的结合中发挥教育引导作用,不断提高学生的思想水平、政治觉悟、道德品质、文化素养,使个人成长与社会发展同向同行。理论知识与实践体验相结合的教学方法既注重理论知识的掌握,又注重实践能力的培养。理论知识的教授,通常采用讲解、案例分析、讨论等多种教学方法,引导学生积极思考和参与课堂活动,帮助学生理解和掌握理论知识,提高学生的学习效果;实践是检验真理的唯一标准,适宜的实践项目或科学实验,可以促使学生将所学知识应用到实际中,增强实践能力和动手能力。在新医科课程思政教学中,可以依托虚拟仿真实验平台将理论知识与具体的实践相结合。一方面通过需要操作的项目实践让学生更深刻地理解专业知识的内涵与本质,另一方面通过个人实践、小组团队协作等活动,真正通过体验去理解诚信公正、团结友爱,医者之责任与使命,将内在情感深化与升华,做到知行合一,内化于心,外化于行。

二、教学设计及方法应用

1. 教学目标设计

教学目标在强调传授知识和培养技能的同时,需要考虑价值引领的思政育人目标,同时明确三者之间的内在关联。为了让课程思政真正融入课程设计中,教师需要从课程的整体视角出发,梳理课程内容的主干,将课程的整体教学目标以及每一章节的教学目标分解为知识目标、能力目标和思政目标,将思政元素有机地融入课程设计中,实现专业与思政的"基因式"融合。

课程思政教学目标需要进行系统性的设计。首先,需要明确课程思政的主题,以及各章节的思政元素切入点,梳理思政元素与专业内容之间的关系,形成贯穿于整个课程教学的思政建设脉络;其次,遵循"思政"与"专业"相长原则,进行结构性系统设计,保证教学的连贯性和一致性。通过以上方式可以实现专业与思政的无缝对接和有机融合。

以教学大纲的形式对教学目标加以固化,确保课程思政真正进入教学大纲和课堂。教学大纲是整个课程设计的指导性文件,它详细阐述了课程的基本理念、课程要求、教学内容、学时分配、考核方式、课程目标以及课程教材等方面的具体要求。教学大纲应详细说明课程思政的目标、内容、方法和评价方式,为教师提供明确的指导,并确保其得到明确体现和实施。

2. 教学方法应用

每一门课程都在不同程度、不同侧面蕴含着丰富的思政元素。对于思政元素的挖掘和课程思政的建设,可遵循一勘探、二采掘、三冶炼、四打磨的原则。首先通过勘探,找准本门课程中的思政教育资源;其次通过采掘,深度挖掘生动有效的育人元素;再次通过冶炼,与本专业基本原理、前沿知识有机整合;最后是打磨,通过反复推敲演练,把课堂变成专业与思政无缝衔接的金课。以下为"临床生物化学及检验技术"课程思政教学示例。

(1)混合式教学方法应用。

课程通过线上学习与线下讨论相结合的混合式教学方法,发布"关注糖尿病,不做'小糖人'"主题活动,上传糖尿病及相关研究的资料,并向学生发布线上讨论主题"糖尿病的影响因素有哪些?",要求学生寻找家人及身边患有糖尿病的朋友,对其疾病的发生及生活习惯等问题进行调查研究。在线下课堂中,以小组为单位进一步对调查结果进行分享并讨论,提高探讨能力,深化学生对糖尿病的认知。

(2)情境模拟教学方法应用。

课堂采用"视频+主题讨论+小游戏"的方式,展示了联合国糖尿病日宣传主题并结合《健康中国行动(2019—2030年)》,阐述糖尿病的危害,引导学生关爱身边的糖尿病患者,告诫学生如何合理饮食、合理锻炼,养成良好的生活习惯,关心自身和他人的健康;与此同时,以解读宣传主题"防控糖尿病,保护你的家庭"为中心,以健康生活方式和定期检测为重点,引出知识点"血糖的测定"。

(3)案例教学方法应用。

课堂采用"小故事+拟人比喻+启发"方式,通过讲述生物化学家吴宪与美国哈佛医学院福林首次使用比色定量法测定血糖的故事,引出第一种血糖的测定方法——福林-吴宪法。通过讲述中国科学家吴宪的故事,教育学生不要把眼光局限在自己研究的领域内,科学的发展向来是博采众长、包容并蓄的,只有广泛学习不同领域的成果并消化吸收,才可能取得更大的研究发现。

在讲授另一种血糖测定的方法——葡萄糖氧化酶-过氧化物酶法原理时,通过启发式教学,促使学生思考讨论并得出当福林-吴宪法不能直接测定血糖的含量时,必须用第二个反应与第一个反应相偶联才能进行测定的基本结论。通过教学设计,启发学生遇到困难要多动脑筋、积极思考,找出解决问题的办法,树立战胜困难的信心。

(4)启发式教学方法应用。

课程采用"创新创业+生活案例"方式,讲述第三种血糖测定方法——己糖激酶法时,引入我国自主研发的糖尿病新药——HMS5552,一种葡萄糖激酶激活剂的机制探讨。课堂引入新时代自主创新的理论,充分论述只有把核心技术掌握在自己手中,才能真正掌握竞争和发展的主动权,才能从根本上保障国家经济安全、国防安全和其他安全,强调我们没有别的选择,非走自主创新道路不可的必要性。课堂还结合人工智能和大数据的应用,增强学生科学研究的创新意识和使命担当。

(5)实践教学方法应用。

课堂采用"科研反哺+虚拟仿真"方式,将课堂讲授的血糖测定的方法与课后进行的线上仿真实验相结合,做到同向同行。小组成员进行单个检测项目的实验,自己动手操作,验证课堂上的结论。通过理论讲解得出结论,通过实验验证结论,让学生切身体会到"实践是检验真理的唯一标准"的马克思主义认识论。通过在实验过程中认真观察、仔细操作、准确记录、分析结果,培养学生诚信公正、求真务实的科研态度和科学素养。课堂以疾病为主线,通过小组协作,培养学生的大局意识、协作精神和服务精神。

3. 医学专业课程教学与思想政治课程教学的协同

医学专业课程与思政课程同向同行,可以帮助学生更好地理解医学和思政两个学科的本质和联系,提高学生的综合素质和创新能力,提升医学专业课程与思想政治课程的协同效应。在医学专业课程中,学生可以学习到医学知识和技能,同时也可以接受思政课程的教育,比如职业道德、医患沟通、人文关怀等方面的教育。这些教育可以帮助学生更好地理解医学的本质和价值,提高医学生的职业素养和社会责任感。同时,思政课程也可以通过引入医学案例、社会热点等问题,引导学生思考医学与社会的联系,培养学生的社会责任感和公共意识。

第六章
新医科课程思政教学的教师角色与职责

习近平总书记在2016年全国高校思想政治工作会议中明确指出:"其他各门课都要守好一段渠、种好责任田,使各类课程与思想政治理论课同向同行,形成协同效应",要求把思想政治工作贯穿教育教学全过程,实现全员育人、全程育人、全方位育人的"三全育人"模式,努力开创我国高等教育事业发展新局面。"三全育人"理念要求专业教育与思想教育相辅相成。做好新医科课程思政教学,首先要求教师有敏锐的思政意识,把思政教育作为自身不可推卸的责任。医学院校教师队伍作为培养优秀医学人才的主力军,对医学生思想政治素养的培养起到决定性作用。在新医科课程思政教学中,教师应根据其引路人和导学员角色履行相应职责,进一步对医学生进行正确价值引领,培养其社会责任感、社会公德及职业道德。

一、引路人角色

医学院校教师,作为新时代教书育人的执行者,首先要自觉遵守职业道德规范,更要学而不厌,不断加强职业道德修养,才能作为新时代医学生职业生涯的引航者,进而为医学院优良的教风、学风建设奠定基础。党的十八大以来,教师队伍建设成为新时代教育事业发展的核心议题。教师应围绕中国特色社会主义培养具有坚定正确的政治方向的社会主义建设者和接班人,旗帜鲜明地运用习近平新时代中国特色社会主义思想的基本理论武装学生,培养学生运用马克思主义的立场、观点、方法来发现问题、分析问题、解决问题的能力。教师在这个过程中的重要角色之一是引路人,为了更好地担任课程思政教学中的引路人角色,新医科教师应承担以下职责。

1. 师德师风建设常态推进

在"三全育人"背景下,教师的师德师风建设显得尤其重要。教师在提高自身政治素养和思想意识,正确处理科研与教学之间的关系之后,还要给学生们树立榜样,比如守时守约、尊重学生、遵守教师职业道德规范、遵守教师文明礼仪,这样不但使教师起到了言传身教的作用,亦能激发教师融合专业知识教学和思政教学的主动性和积极性,真正做到以德立身、以德立学、以德施教,并促进高校课程思政教学生态和谐。

2. 专业知识提升常抓不怠

具备扎实、系统、有深度的专业知识是教师作为课程思政引路人的必备条件。新时代的大学生早已接触了互联网,对于最新发布的新闻资讯与头条热点都具有十分敏锐的获取与感知能力,其知识面已非信息闭塞时代的学生可以比拟,因而教授新时代大学生对于教师的知识量要求也会相对提高。在信息高速传播、海量共享的新时代,人们可以获取大量相同的信息,加之大学生精力旺盛,其在身体素质、学习能力和思维活跃程度等各方面均有优势,获取信息的速度也许会超越教师。因而,大学生对教师的知识量储备的期待并不仅限于知识更新速度这一个点上,他们更加期望教师可以具备较为完善且严谨的知识体系,并对事物持有一定深度的看法。

新医科课程思政强调的是耳濡目染、潜移默化。这要求教师具备扎实的专业知识,要了解各章节的知识点,更要紧跟各章节的科学前沿,这样才能更精准、有力地挖掘思政元素,做好思政点与知识点的融合。比如,通过医学伦理课程来开展思想政治教育。医学伦理可以帮助学生认识到医学实践中的道德伦理问题,培养他们正确的价值观和道德观念。在讲授医学伦理课程时,可以引导学生思考医生作为医疗团队中的一员,需要遵守职业道德,提醒他们在临床实践中对患者关怀和尊重的重要性。教师只有将专业课程和思政课程完美结合,在学生学习专业知识的同时,强化学生的思政素养及职业道德修养,进而使学生得到综合发展,这样才有可能培养他们的社会责任感、社会公德及良好的职业道德,增强他们的民族自信和文化自信,提升他们的爱国主义情怀。

3. 医德医风培育坚持不懈

健康医疗行业的特点决定了医德医风教育是从业人员职业道德教育的一

部分,有关医德医风的教育必须得到有效开展。医德医风除了通过医学伦理等课程的教学外,更多的是通过各门专业课程讲授教师的言传身教来影响学生的。教师是课程思政教学的落实者,学生是课程思政教学的受教者,教师的课程思政教学意识会直接影响教学质量,学生对待课程思政教学的态度则会影响教学效果。

健康医疗行业从业人员的医德医风在服务态度、服务理念、业务素质以及专业技术水平等多个方面均能够有所体现,而这些方面影响医疗技术水平,因此,开展医德医风教育也是提高医疗卫生人员医疗技术水平的要求。

医学生的医德医风教育能够让学生尽早了解社会、了解行业、了解工作,有助于学生理论与实践的整合,有助于学生职业道德修养的提升,为学生日后走上工作岗位奠定了思想基础。

4. 课程思政元素有机融入

"三全育人"理念要求专业教育与思想教育相辅相成。教师除了要教好专业课程以外,还需要按照"三全育人"理念,做好专业课程思政建设,在教学内容上,将知识点与相关思政内容无缝衔接,让学生们在潜移默化中得到思想洗礼。比如在解剖课上讲授"心脏"这个知识点时,除了向学生们讲解心脏的结构、心脏的功能之外,还可以引入过往存在的心脏支架的价格问题,国家发布政策将支架的费用纳入医保后,患者的医疗费用降低了很多;再如,以社会热点事件为引,激起学生的兴趣,用典型的医生救治新闻导入,激励学生建构夯实的知识基础,让学生知道职业道德和专业技能在临床工作中的重要性,突显医者仁心的珍贵价值,从而强化学生职业使命感,增强使命担当,以润物无声的方式弘扬我国的制度优势以及我党一切为了人民的治国理念。

5. 课程思政教学方式创新

在教学方式上,引入 PBL、头脑风暴法、项目教学法、任务驱动法、情境模拟等方法,拓宽医学人文教育路径。以医学生今后在临床实践中可能遇到的问题为主线,以案例为基础,采用大班授课、讨论课、辩论赛和案例分析等方式实施课程思政教学。结合医学生见习、实习时所接触的典型实例,进行医学人文专题讲座和典型案例分析,将医学人文理论知识应用于实践,使学生学会从医学、道德、法律等不同角度去解决医疗问题。在诊疗过程中强化医学生"以人为本"的观念,将人文关怀、职业操守等融入医学专业课教学,提升学生的精神境界,使医学专业学习的过程更具有人性化、道德化的特点,达到更好的教学效果。

身处信息时代,当代大学生对各种信息化工具的适应性极强,因此教师可以开展"互联网+课程思政"模式的探索。教师应在正确甄别和选择性引入网络信息的前提下,改变传统授课方式,灵活运用小组讨论、辩论、情境模拟等吸引学生参与的教学方式,加强师生间互动,营造轻松活跃的课堂氛围,使学生成为课堂的主角,将专业课的思政作用最大化。此外,线上的优秀专业课程思政设计也可能引发学生共鸣,形成不同学科、不同学习背景、不同年龄,甚至不同国籍学生的讨论和思考。当然,需要注意的是,网络信息良莠不齐,需教师进行正确甄别和引导。

同时,信息化方式也是丰富课堂思政元素的有力手段之一。教师可以巧妙运用多种信息化方式使思政内容更加鲜活、具象化。例如,播放与课程内容紧密相关的纪录片或新闻报道,能够帮助学生更深入地理解历史事件或社会现象,从而增强思政教育的吸引力和感染力。此外,教师还可以依托在线平台或应用程序,组织学生进行线上讨论、合作学习,实现实时的互动反馈。这种教学模式不仅提高了学生的课堂参与度,还增强了他们的学习体验。同时,利用大数据和人工智能等先进技术,教师可以对学生的学习情况进行深入分析,从而更加精准地调整教学内容和方法。例如,通过分析学生的学习数据,教师可以及时发现学生的知识短板,并针对性地提供辅导和支持,进而提升思政教学的实效性。

6. 课程思政与思政课程齐头并进

要确保课程思政的有效实施,教师的角色至关重要。课程思政的成功落地需要教师消除对课程思政的理解偏差,确保专业课教师与思政课教师形成共识,携手并进。在高校环境中,无论是教学、科研还是管理,都应围绕立德树人的核心任务,共同为培养社会主义建设者和接班人贡献力量。教师的天职不仅是传授知识,更在于育人。因此,在专业课程的教授中,教师应从育人的角度出发,融入思想政治元素,实现价值引导、知识传授与技能培养的和谐统一。针对新医科课程的特点,专业课教师应与思政课教师加强交流,积极接受社会主义核心价值观的熏陶,提升个人的思政素养和能力,以推动医学院校课程思政建设的深入发展。例如,在解剖课、动物实验课以及临床实习等环节中,教师应适时地向学生传递对"大体老师"(遗体捐献者)、实验动物和患者的尊重与关怀,以及对生命的敬畏之情。

二、导学员角色

新医科教师在其专业课程思政教学中的管理和指导属性,主要包括过程管理、考核管理和创新管理,从大方向上总体把控学生对思政元素及理念的吸收。

1. 课程思政教学过程管理

新医科课程思政过程管理可以更加具体地从课程设计阶段的融合、教学进行过程中的实践、实践活动中的应用、持续的评估与反馈和教师能力提升五个过程阶段开展。

①课程设计阶段的融合:在制定课程大纲和教学计划时,系统地融入思政元素。这包括确定具体课程内容中思政教育的切入点,例如,在制定教学计划时,可以规划特定的课时来讨论医学历史中的伦理问题,如历史上的医学实验伦理问题,从而引导学生思考现代医学伦理的重要性。在教授解剖学时,除了专业知识,教师还可以引入对人体的尊重和医学伦理的讨论,培养学生的职业道德。

②教学进行过程中的实践:在日常授课中,教师应将思政教育与专业教学相结合,利用案例分析、小组讨论等方法,在实际医学情境中对学生进行思政素质的培养。比如在讲解药理学时,教师可以结合具体的药品案例,讨论其社会影响和伦理问题,如抗抑郁药物的使用与道德问题,促使学生在学习专业知识的同时,增强伦理意识。

③实践活动中的应用:在临床实习、社区服务等实践活动中,强调思政教育的应用。如在实习中关注患者权益,体现医德医风,使学生在实践中深化对思政教育的理解。在社区服务中,学生可以参与公共健康宣教项目,在实践中学习如何以人文关怀的视角来理解和解决公共卫生问题。

④持续的评估与反馈:通过定期评估学生在思政方面的理解和表现,收集反馈,对教学方法和内容进行调整和优化,确保思政教育的有效性和针对性。例如通过定期的问卷调查、小组讨论和个人反思报告,评估学生在思政方面的理解和表现。根据收集到的反馈,教师可以调整教学方法,如增加更多互动式学习环节,以提高思政教育的吸引力和实效性。

⑤教师能力提升:定期对教师进行思政教育方面的培训,增强其融合思政教育与专业教学的能力,保证教学质量和教育目标的实现。举办专门的教师培训工作坊,内容包括如何在专业课程中融入思政教育,以及如何处理教学过程中出现的伦理问题。鼓励教师进行跨学科学习,比如医学与哲学、社会学的结合,以增强其在课堂上引导跨学科讨论的能力。

2. 课程思政教学考核管理

课程思政教学考核方面,将见习期医德考核纳入课程思政教学考核评价体系。临床专业认证不仅重视教给了学生什么,更重视学生真正学到了什么。对于医学生的思想道德教育来说也是如此,良好的教学效果应达到内化于心,外化于行。因此,改革传统的考试评价制,转换到医学生的道德素质的实践效果上,将医学生的思想道德教育的评价与考核贯穿在医学教育的全过程,确立更有实效性的评价机制。创新评价考核方法,重点考核学生关爱病人、尊重病人的职业操守和解决临床实际问题的能力。比如在基层见习期和临床实习过程中,可以通过向病人和实习科室医护人员发放对医学生的考核评分表,以此作为课程思政教学考核评价体系的一个重要部分。真正起到引导学生进行职业道德的自我教育、自我管理和自我评价的作用,使学生逐渐形成在实践中学习,在实践中实现道德的自我完善,不断追求卓越的良好品格。

加强和探索教师过程评价体系建设,如建立评价过程原材料指标,重视教师评价过程中对原材料的检查,并加强对学生研究成果的审查,探索学生研究成果的检索和课程交流机制,不断完善项目学习和平时绩效考核体系。教师通过定期评估学生在思政方面的理解和表现,收集反馈,对教学方法和内容进行调整和优化,确保思政教育的有效性和针对性。例如,通过定期的问卷调查、小组讨论和个人反思报告,评估学生在思政方面的理解和表现。根据收集到的反馈,教师可以调整教学方法,如增加更多互动式学习环节,以提高思政教育的吸引力和实效性。强化课程思政教育评价监督,坚持以问题为导向,深化课程教学管理体制,完善教学运行机制,突出课程优质化建设,以体制创新向体制创优转变为突破口,不断提高教育督导质量和水平。组建专业化、职业化督导专家队伍,建立健全"督政、督学、评估监测"三位一体的教育督导体系,强化巡查工作的公正性和严肃性,积极推动学校课程思政建设各项任务落到实处。

3. 课程思政教学创新管理

课程思政教学创新需要从教学内容、教学方法、教学手段、实践教学和评价体系等方面进行全面考虑和实施。

①教学内容创新。教师在课程思政教学中,应该注重教学内容的创新,要结合时代发展和社会需求,不断更新和优化教学内容,使思政教育与现实生活紧密相连。同时,要注重跨学科的整合,将不同学科的知识有机地结合起来,形成具有特色的课程思政体系。

②教学方法创新。教师需要探索适合课程思政的前沿的教学方法,注重启发式教学、案例分析、小组讨论等多样化教学方法的运用。

③教学手段创新。随着信息技术的发展,教师可以利用更多的数字化、智能化教学手段来辅助课程思政教学。例如,可以利用人工智能、虚拟现实技术、增强现实技术等技术手段,创造更加生动、形象的教学环境,提高教学效果。

④实践教学创新。实践教学是课程思政教学的重要环节,教师应该注重实践教学的创新,可以通过组织学生参加社会实践、志愿服务等活动,让学生在实践中感受社会责任和奉献精神。同时,要注重实践教学与理论教学的有机结合,让学生在实践中更好地理解和应用理论知识。

⑤评价体系创新。教师需要建立完善的评价体系,注重对学生思政素质的评价,可以通过观察学生表现、与学生交流、小组评价等方式,全面了解学生的思想动态和学习情况,为进一步改进教学提供依据;要注重评价体系的多元化和开放性,鼓励学生自我评价和互相评价,提高评价的客观性和公正性。

第七章
新医科课程思政教学中的学生参与和反馈机制

一、学生参与

学生的思政学习要更加自主化,学生应该主动理解教学内容、课前学习,从自身角度挖掘课程思政元素,花更多的时间进行课前准备和课外学习,并在教师教学前查阅相关资料,以便在课堂上更好地进行师生讨论;教师教学结束后,针对教师提出的疑难问题,及时查阅相关资料,更好地掌握理论知识,提高学习效果。具体积极参与的方式方法如下。

1. 主动式参与课程思政

从学生的角度出发,主动参与课程思政的具体方法可以包括以下方面。

①主动参与课堂互动。积极发言和提问,学生应在课堂上主动发言,对讲授的内容提出问题或提供自己的见解,尤其是在讨论医学伦理和职业道德等话题时。例如,当教师提到某个医学案例时,学生可以主动提出自己的看法或询问相关的伦理问题。主动参与小组讨论和项目,在小组讨论或合作学习中,学生应主动承担角色,积极与组员交流,共同探讨和分析案例。学生可以提出自己的想法,听取他人观点,并努力在小组中发挥积极作用。

②主动记录与反思。学生可以自发撰写关于医学伦理、职业道德的反思日志或报告,深入思考在实习或学习过程中遇到的伦理困境。例如,遇到难以决断的医疗情形时,记录自己的想法和感受,之后进行深刻反思。这种自我反思有助于深化对所学知识的理解,并促进个人价值观的形成。学生应该积极利用主动式反思和记录这一方法,深入思考和总结自己在医学伦理和职业道德方面的学习和实践经历。通过不断反思和改进,学生可以更好地掌握医学

伦理和职业道德的核心内容,形成正确的价值观,并为未来的医学事业奠定坚实的基础。

③主动参与案例模拟。案例模拟可以让学生将理论知识应用于实际情境中。在案例模拟中,学生可以扮演医生、患者及患者家属等不同的角色,模拟真实的医疗场景,从而更直观地了解医学伦理和职业道德在实际工作中的作用。通过参与案例模拟,学生可以锻炼自己的决策能力、沟通能力和团队协作能力,同时也可以发现自己的不足之处,为今后的学习和工作做好准备。案例模拟由学生自发组织。在组织案例模拟时,学生需要选择合适的案例,制定详细的模拟计划,并确保每个参与者都明确自己的角色和任务。在模拟过程中,学生需要认真扮演自己的角色,积极参与讨论和决策,并根据模拟结果进行总结和反思。

通过这些主动的行动,学生可以在课程思政中扮演更加积极和主导的角色,从而更好地理解和吸收思政教育的内容。

2. 临床实践之案例讨论

学生可通过临床实践中的案例讨论来接受思想政治教育。临床实践是临床医学专业学生的重要学习环节,通过实践可以提高学生的临床能力和判断力。在课堂临床实践中,学生应积极参与案例讨论和解决问题,尤其是一些具有思想政治教育意义的案例。通过案例讨论,学生可以认识到在医学实践中面临的伦理困境和责任,从而树立更加正确的价值观和道德观念。

3. 课外竞赛与学术交流

学生可以通过积极参加临床技能竞赛和学术交流活动来接受思想政治教育。临床技能竞赛可以帮助学生培养团队合作精神、竞争意识和创新能力。在竞赛中,可以加入一些思想政治教育元素,如鼓励学生相互尊重,促进团队合作,培养正确的竞争观念。学术交流活动是学生展示自己的机会,通过与同行的交流和分享,可以帮助学生认识到自己的不足和进步方向,培养他们谦虚谨慎的态度和勇于创新的精神。

4. 选修公共综合性课程

学生可以通过积极选修公共课程来接受思想政治教育。公共课程是跨学科的综合性课程,可以帮助学生提高综合素质和人文关怀。在公共课程中,教师可以引导学生关注公共事务和社会问题,培养他们的社会责任感和公民意识。学校可以开设医学与社会课程,让学生了解医疗资源分配问题和医疗改革等社会议题,培养他们对社会问题的关注和思考能力。

5. 融合生活与思政教育

将学生生活中的感触、感受融入课堂,是学生融入思政教育课程的重要途径。因为在高校思政教育中,教师单纯地讲解理论知识,或者播放思政教育视频,是无法满足学生学习需求的,只有融入生活实践,学生才能在生活细节中感受到道德情操和社会文化的底蕴与魅力,从而真正解放学生的思想。

6. 树立"白衣"信仰与精神

学生建立正确的、高尚的、积极的人生信仰是学习、工作及参与其他社会活动实践的有力保障。因此,在开展思政教育的过程中,教师首先要摒弃理论知识和应试教育的桎梏,实现从教育的最低纲领要求向最高纲领要求的平稳过渡。基于此,教师应打破传统思政教育模式,建立与学生有效交流沟通的双向桥梁。一方面,教师要以身作则影响学生;另一方面,学生要主动拉近与教师之间的距离,在生活和学习中学习教师身上所具有的精神。

学生可以积极关注学校新媒体,例如微博账号、QQ 群、微信公众号等,及时观看学习内容、思政教育视频、高校正能量精神资料等。这样不仅能让学生更容易接受思政教育,还拉近了学生与教师之间的距离,提高了学生信仰教育的质量。

作为未来的医务工作者,医学生除了需要具备专业的知识和技能之外,还要具备高尚的医学职业精神,也就是"白衣"精神,才能真正担负起救死扶伤的社会责任。因此,医学生要通过课程思政教育培养医德医风,培养良好的医疗作风和高尚的职业精神。如主动学习我国古代著名医学家的事迹,从他们身上学习到良好的医德医风和高尚的职业精神,进而受到鼓舞和启发,培养正确的职业精神。

7. 多样化思政教育实践

学习思政内容与元素,不能局限于校园内,学生也可以拓展到户外,通过教师有效的教育和引导,离开校园内熟悉的环境,换一种新的方式学习课程思政内容,在多元化的实践方式中得到内心的触动和思想的升华。

学生利用课余时间主动进行知识拓展是践行多样化思政教育的重要方式,以深化对课程思政内容的理解。学生可以主动在社交媒体等平台上分享自己对医学伦理和职业道德话题的看法和学习心得。例如,学生可以选择一些与医学伦理、职业道德相关的经典著作或前沿研究进行阅读,了解不同观点和理论,从而加深对课程思政内容的理解。此外,学生还可以参加相关的学术讲座、研讨会等活动,与专家学者进行交流,了解最新的研究成果和学术动态。通过主动进行课外知识拓展,学生可以不断完善自己的知识结构和思维能力,为未来的学习和职业发展打下坚实的基础。同时,这也是学生主动参与课程思政的重要方式之一,有助于提升学生的综合素质和社会责任感。

学生可以主动参与课外研究项目、社区服务或健康教育活动,将课堂上学到的知识应用于现实世界中,同时在实际操作中加强对伦理和道德问题的理解;也可以走出教室和学校,去参加夏令营、春游等相关活动;还可以在教师的带领下进入农村卫生院进行义务帮助,去接触和深入体验农村的卫生条件与医疗资源,从根本上加强自己的思想道德意识和观念,提高思政学习效率。

二、学生反馈

1. 获得感及其构成

学生对课程思政的学习获得感是指学生在学习课程思政的过程中,不仅获得知识的洗礼和能力的提升,也在内心世界得到愉快、满足等正向的情绪体验,并在思想认识和价值观方面得到进一步的升华。具体而言,学生对课程思政的学习获得感包括知识获得、能力获得、情感获得、价值观获得等方面。

①知识获得主要指马克思主义理论及中国化的生动实践知识,国家在经济、政治、文化、生态文明等各方面的发展动向以及中国式现代化建设专门人才所必备的知识等。

②能力获得主要是指学生能够获得运用马克思主义的基本立场、观点和方法去分析和解决现实问题或思想问题的能力;在课堂内外可以积极进行理论思考,提高社会实践的能力;针对遇到的思想困惑和问题,可以自行收集、筛选、辨别信息的能力等。

③情感获得主要是指学生在学习系统性的课程思政后,在情感上产生满足、愉悦、充实感,进而激发学生学习的主动性和积极性,对中国共产党和党的各项方针政策产生强烈而持久的认同,坚定中国特色社会主义"四个自信"。

④价值观获得是指学生在学习课程思政后,可以树立正确的人生观、世界

观和价值观,坚定马克思主义理想信念,形成符合社会主义核心价值观的道德判断和行为选择。

新医科课程教师应根据医学生的心理变化、发展特征和成长规律,根据教育发展规律,把医学生的现实需求、思想困惑与课堂教学结合起来,改进教学内容;充分利用互联网、新媒体技术等学生喜闻乐见的形式创新教学载体,活跃课堂气氛,激发学生的兴趣,提高学生参与度,使专业课育人更有针对性。

2. 课程思政评价反馈机制

形成课程思政的有效评价机制是实现教学质量价值判断的重要手段,教学质量评价是教学实践活动的"指挥棒",也是高校保证教学质量的自我约束机制。做好课程思政,离不开有效评价机制。有效评价机制,一是建立起科学的课程思政评价体系,评价主体与客体、评价范围、方式方法、信息的收集渠道和反馈渠道,均要体现出课程思政的指导思想、原则、范围、技术路线,同时兼顾专业的差异性和课程的差异性;二是建立课程思政的评价标准系统,覆盖并综合考量课程思政相关的教学态度和育人效果,并与教学奖惩乃至职称晋升挂钩。因此,课程思政教学效果不应单纯以技能和知识的考核成绩作为评价标准,应着重评价综合能力,确保评价结果的真实性、有效性和准确性,并针对各种问题提出相关建议。研究表明教学中需落实过程性评价指标,体现评价指标的创新性,以及理论性与实践性相结合,以发展性评价理论为指导,关注学生成长和评价指标的激励作用。教学评价应体现学生的主体地位,建立教师监督评价制度,以学生学习效果为立足点和落脚点。目前,课程思政的教学评价可分为学生评价、同行专家评价、教师自我反思等方面,多采用过程性评价原则以及多元化评价原则。教学效果评价方式主要有问卷调查、网络评论互动及师生访谈,关注学生职业观、人生观等价值引领。

从学生的角度看,课程思政评价反馈机制对于提升课程质量和教学效果具有至关重要的作用。这一机制不仅能够帮助学生更好地理解课程内容,还能够促进学生的全面发展。课程思政评价反馈机制应该建立在公平、公正、公开的基础上,关注学生的学习体验、思想情感及内在学习动力。这样的评价反馈机制才能够真正发挥作用,促进课程思政教学的不断提升和发展。

①关注学生在学习过程中的体验和感受。通过收集学生对课程思政内容的反馈意见,教师可以了解学生对思政知识的吸收情况,以及对思政教学方法的接受程度。这样,教师就能够根据学生的需求和反馈,及时调整教学策略,

使教学更加贴近学生实际。

②注重对学生思想情感及内在学习动力的考察。通过观察和研究学生在课程学习中的变化,可以评估课程思政教学是否真正触动了学生的内心,激发了学生的学习兴趣和动力。这种评价不仅关注学生的知识掌握情况,更关注学生的全面发展和成长。

③课程思政评价反馈机制要公平、公正、公开。学生应该有机会参与到评价过程中,表达自己的观点和意见。同时,评价结果也应该及时、准确地反馈给学生和教师,以便双方都能够根据反馈结果进行改进和提升。

第八章
新医科课程思政的教学评价

一、评价的功能与定位

教学评价是各学科、专业教学体系的组成部分,承担着控制教学质量、评估教学成效、监督教学过程、推动教学改革等重要职责。随着课程思政教学改革在全国广泛开展,如何进行课程思政教学评价是广大一线教师和教学管理部门推动与落实课程思政教学的一大难点。与单纯评价学生对知识的理解和掌握程度不同,课程思政教学目标宏观抽象,多属于意识形态、价值塑造范畴,缺乏有效的、可量化的评价指标,导致不少一线教师重感悟、轻评价,认为只要把思政故事讲好、讲生动,让学生自己体会感悟就好。教学管理部门则倾向于评价教师如何教,主要关注教师的教学理念、教学设计、教学内容中是否引入思政元素,引入途径和方法是否合适,学生是否认同教学等,未能从学生习得和学习体验视角评价。

新医科课程思政教学评价的功能在于对思政教学进行全面的审查和评估,以帮助教师更好地理解课程思政元素与专业内容的有机融合,了解学生对于思政教育的接受程度和感同身受的情况,引导学生树立正确的世界观、人生观和价值观,提高学生的社会责任感和人文关怀能力。同时,通过评价,学生可以明确自己的思政水平和专业素养,找到自己的不足之处,也可以发现思政教学中存在的问题和不足,为改进教学方法和手段提供依据,以达到提高思政教学质量和效果的目的。

新医科课程思政教学评价的定位是建立在全面、客观、科学的基础上,通过对思政教学内容、方法、效果等多个方面的综合评估,实现对思政教学的科学指导和管理。同时,评价结果还可以为相关决策提供参考依据,以推动思政教学的持续改进和发展。

二、评价的基本原则

课程思政教学目标是引导学生逐渐形成正确的世界观、价值观和人生观,并能结合国情,从政治、法律、经济、道德、伦理、可持续发展等多个视角分析和观察客观世界和社会发展,运用正确的世界观和价值观判断和解决问题,实现知识、能力、素质的全面提升。课程思政教学评价的关键是学生的认知与实践能力、情感态度,以及价值观成长的增值性评价,重在考查学生能否实现"学以致用、知行合一",属于综合性的多元评价。考虑到课程思政教学中教学内容隐性化、教学形式多样化、教学方法个性化等特点,教学评价应遵循以下基本原则。

1. 强调思政素养的全过程塑造

一方面,课程思政教学依托课程展开,工作基础是课程建设,故课程思政教学质量评价的实施应覆盖课程设计和实施的全过程,即课程建设、课程组织、课程考核都应纳入评价体系,并突显课程思政的特征。另一方面,课程思政的教学评价需要覆盖目标设定、方法选择、过程实施、效果评价到教学反思的教学全环节,对标思政素养目标,运用多种教学方法深入挖掘课程思政元素,将增强政治认同、培养远大情怀、树立科学精神和端正品行操守等学生思政素养的塑造贯穿高校教育教学全过程,转变各教学环节"单打独斗"的境况,形成课程思政建设质量螺旋上升的局面。

2. 突出评价体系执行的实效性

实效性是检验课程思政教学评价体系能否落地的关键,缺乏实效的课程思政建设是徒劳的。指标的针对性是评价体系执行实效性关注的首要内容,要准确把握思政元素与专业内容的耦合度,在评价目标与指标之间构建相互映射的矩阵关系,指标表述必须指向明确且释义透彻,指标之间应避免交叉重叠,为课程思政教学评价描绘清晰的靶向。同时,可评可测也是评价体系构建中应遵循的一条主线,既要尽量运用可量化指标,又要格外重视指标本身在描述用词上的提炼性、规范性和具体性,便于定性数据的量化体现。

3. 注重多元化主体的协同评价

课程思政教学评价体系也应在多元化主体的协同评价下进行,对课程思政建设质量实施多视角的全方位检验,如分组任务中团队成员利用音频和文档展示小组研究成果时,可综合组员自评、组间互评和教师总评考量学生的知识运用、团队协作、批判与创新思维等能力。同时,还可通过同行专家、教学督导、用人单位、辅导员和班级导师等各类主体的评课获得评价反馈。

4. 强化结果反馈

课程思政教学质量评价的最终目的是提升课程思政教学效果,促进课程思政建设内涵式发展。因此,只有建立对评价结果的及时反馈机制,对评价发现的问题进行针对性改进,不断优化课程思政教学设计和教学过程,建立持续改进的质量管理闭环,才能推动课程思政教学质量不断提升。

三、评价的维度及指标

科学、合理的课程思政教学评价体系指标应该包括以下几个方面:一是教师的教学质量,如教学方法、内容和效果等;二是学生的思想政治素质,如学生的政治观念、道德品质和公民素质等;三是课程思政教学的创新性,如课程思政教学方法、内容的更新以及教学手段的创新等;四是课程思政教学的社会影响,如课程思政教学对学生和社会的积极影响和贡献等。在完善评价指标的过程中,主要的关注点包括:一要充分考虑课程思政教学的特点,使评价指标既具有普遍性,又具有针对性;二要充分考虑课程思政教学的多样性,使评价指标既具有稳定性,又具有灵活性;三要充分考虑课程思政教学的长期性,使评价指标既具有现实性,又具有前瞻性。

基于CIPP模式的理论分析,课程思政的评价可以按照"背景评价—输入评价—过程评价—成果评价"来开展。其中,背景评价重点分析高校推行课程思政所处的内部个性环境,主要从课程定位、课程目标和课程理念三方面分析课程思政建设的必要性;输入评价旨在帮助课程实施达到预期目标,系统评价课程思政建设所需及创设的各类条件和教师的执行能力,主要通过教学资源、能力基础和课程支持进行描述;过程评价着重审视课程思政实施中的课前、课中和课后不同环节的表现,主要包括教学方案、教学考评和学生参与三方面的测量;成果评价是对课程思政建设质量的最终检验,以判断课程思政教学活动的效果和影响,主要对学生体验、学生发展和课程影响等进行综合性评价。在对上述二级指标进行观测指标细分时,应结合高校实际情况和学科特征进行差别化设计,应兼顾形成性、过程性和终结性各类评价,并避免出现唯量化倾向,过于片面推崇唯量化评价。同时,测量句式转换也应建立在逐项考查被评高校或教师课程思政教学表现的基础上,观测指标的计分可采用优秀(90~100分)、良好(75~89分)、中等(60~74分)、较差(45~59分)、很差(0~44分)五级梯度制。

四、评价的方法与策略

课程思政教学评价需要注意以下三点:一是定性评价与定量评价相结合。例如在评价过程中,我们既应该关注学生的考试成绩、课堂表现等,又应该关注学生的学习体会等,以全面了解课程思政的教学成效,为优化评价体系提供数据支撑。二是形成性评价与终结性评价相结合。形成性评价关注学生在课程思政教学过程中的表现,终结性评价关注学生在课程思政教学结束后取得的成果。三是内部评价与外部评价相结合。内部评价关注学生、教师、课程等方面的情况,外部评价关注社会、行业、用人单位等方面的评价。

1. 评价方法

在评价过程中,应该结合具体的教学内容和医学生的学习情况,选择合适的方法进行评价,以达到最佳的评价效果和教学质量。同时,应该不断探索新的评价方法和技术,以满足不断变化的教学需求和提高教学质量。具体评价方法如下。

(1)观察法。

观察法是一种直接的评价方法,通过观察医学生在课堂上的表现、参与度等情况,了解医学生对思政内容的理解和掌握程度。这种方法可以及时发现医学生的学习困难和问题,以便教师及时进行指导和帮助。

(2)作业法。

作业法是通过布置书面或实践性的作业,对医学生的思政学习成果进行评价的方法。作业可以包括小测验、课堂练习、课后作业、实践报告等,以便了解医学生对思政理论和实践的掌握情况。

(3)考试法。

考试法是一种常见的评价方法,通过试卷或在线考试系统对医学生的思政知识进行测试。考试题型可以包括选择题、填空题、简答题、论述题等,以便了解医学生对思政理论和实践的掌握程度和运用能力。

(4)问卷调查法。

问卷调查法是通过设计问卷,对医学生的思政学习情况和态度进行调查的评价方法。问卷可以包括单选或多选题,开放式或封闭式问题,以便了解医学生对思政教学的评价和建议,从而改进教学方法和手段。

(5)学生自评法。

学生自评法是指医学生根据自己的学习情况和理解,进行自我评价的方法。这种方法可以帮助医学生自我反思和总结,发现自己的优点和不足之处,从而更好地进行自我管理和自我提升。

(6)小组讨论法。

小组讨论法是指将医学生分成小组,就某一思政问题进行讨论和交流的评价方法。通过小组讨论,可以促进医学生之间的互动和合作,提高医学生的沟通能力和团队合作能力。同时,教师可以通过观察小组讨论情况,了解医学生对思政问题的理解和掌握程度。

(7)作品评价法。

作品评价法是指对医学生的作品进行评价的方法。作品可以是医学相关的项目、论文、报告等,也可以是反映医学生思想观念、价值观念的文章等。通过作品评价,可以了解医学生的专业素养和思想水平,发现医学生的潜力和特长。

(8)个案分析法。

个案分析法是指通过个案分析,了解医学生的职业素养、沟通能力和解决问题能力的评价方法。个案可以是真实的医疗案例,也可以是模拟的医疗情境,通过分析个案,可以评价医学生的职业素养和综合能力。

(9)教师评价法。

教师评价法是指由教师对医学生的思政学习情况进行综合评价的方法。教师评价应该结合多种评价形式,包括课堂表现、作业、考试成绩、小组讨论情况等。通过综合评价,可以更全面地了解医学生的学习情况和综合能力。

(10)同学互评法。

同学互评法是指同学之间进行相互评价的方法。同学互评可以促进同学之间的相互学习和借鉴,同时也可以帮助教师更好地了解医学生的学习情况和态度。同学互评应该结合多种评价形式,包括课堂表现、作业、考试成绩等。

2. 评价策略

教学评价是依据教学目标对教学过程及结果进行价值判断,并为教学决策服务的活动,是对教学活动现实的或潜在的价值做出判断的过程。教学评价主要分为以下两个核心环节:一是对学生学习效果评价,即评价学生学习成果如何,知识掌握程度如何,是否会说、会做、会用,是否能学以致用、触类旁通、举一反三等,多采用考试、测验、项目报告答辩等评价形式;二是对教师教学过程评价,即评价教师如何教,教得如何,对教师教学设计、教学组织、教学实施等过程进行评估,一般采用学生评教量化表、问卷调查、同行或教学督导听课等方式。本指南提出以下几种医科课程思政教学评价策略,供同行与教学管理部门选择与参考。

(1) 基于学生学习体验的教学评价策略。

课程思政教学跨越知识领域、能力领域和情意领域,面向人的全面发展,即人的智力、体力、才能及人际关系和谐发展,是认知、技能、态度、情感、意志、人生观、价值观多因素共同作用、相互影响的结果。在认知过程、能力提升过程、情感形成过程中,学生需要通过自身的活动体验去获得,因此需要构建课程思政教学评价和质量持续改进的长效机制,形成学生成长评估档案评价体系,以打破传统的以分数和等级制度为特征的学生评价困局。聚焦过程性评价,重点关注评价的形成性和发展性。不仅要将学生的学习活动及在教学活动中的各种表现作为评价课堂教学、学生学习情况和进行整体性评价的依据,还应重视学生学习过程中的经历、体验和探究,以及在此过程中的情感、态度与价值观等方面的渗透和达成情况。基于学生体验的评价方法主要有以下几种。

①谈话法。谈话法是最直接、最有效的获取学生价值观信息的方法。教师通过谈话可以清楚地发现学生对某一事物所持有的评价和看法。

②观察法。教师可以细心观察学生的言行举止、喜怒哀乐等各种情感表现,推测学生的相关态度,对其能力、情感水平和态度等做出评价。

③问卷调查法。评价者可以设计一系列的开放性或量化的问卷,以一些与课程思政内容相关的事件陈述作为刺激,引起受测者的态度反应,然后对其回答给予相应分数或等级评定,以确定其情感、态度和价值认同状况。通过调查可发现学生是否感知、理解、认可和接受课程思政相关内容。

④评价量表法。评价量表法是根据能力、情感和价值观的内容所制定的,

如罗克奇价值观调查表,岑国桢的价值观等级量表。教师可以利用这些现成的已经被检验过具有良好信度、效度的评价量表进行通用性能力、情感和价值观的评价,通过不同班级、不同教师、不同教学模式对课程思政接受程度和认可程度的差异性进行比较。

⑤综合评价法。认知过程、能力、情感、态度、价值观具有形成性和发展性,其可以通过"成长记录袋"来进行综合性评价。综合评价法通过收集、记录学生本人、教师、同伴和家长评价的有关材料,来评价学生的学习情况和政治思想道德素质发展状况。使用该方法有两个需要注意的问题:一是要把学生的情感、态度、价值目标达成的考核评价贯穿于教学的整个过程中,如课堂提问、课后学习、学期考核等都是重要途径;二是要把学校、社会、家庭及学生自我评价有机结合起来,在材料的选择上,只要涉及学生的情感、态度、价值目标都可以善加利用。

"成长记录袋"可以彰显个性发展与综合能力评估的统一。每一位学生的能力档案由突出能力、习得能力和现有能力水平的综合评价三部分组成。其中,突出能力是学生个体的具体特长能力,是每个学生在其发展过程中所具备的、区别于其他学生的品质特性;习得能力是学生在不同阶段通过努力而提升的素养及能力;现有能力水平的综合评价则反映该学生当下的能力综合水平。

⑥增值评价法。增值评价主要关注学生从进入大学到毕业离开大学期间所发生的变化。学生质量是大学质量的根本体现。目前该类方法可分为直接法、间接法和事后法。直接法主要通过测量和比较学生在不同时间点上知识的获取和能力发展,从而评价大学对学生学习产生的影响,测量差异代表学生的学习增值。间接法是测量学生的学习行为和学习经历,以及大学在促进学生学习和学业成绩方面的相关举措。事后法是测量学生在工作一段时间后,大学教育对学生实际工作带来的影响,从而对其大学学习期间的增值进行评价。增值评价法具体实施形式主要有大学学习成效评价模式(CLA)、美国全国大学生参与度调查、英国全国大学生调查、中国大学生就读经验调查(CCSEQ)、中国大学生学习与发展追踪研究(CCSS)、国家大学生学情调查(NCSS)等。

(2)基于"以评促改"的教师教学评价。

"以评促改"的评价理念是:评价的主要目的不是为了证明,而是为了改进。"以评促改"需要跨越高校课堂评价管理本位主义思想,使得教学评价变被动参与为主动改进。基于"以评促改"的教师教学评价主要关注以下几个方面。

①教学具体目标是否清楚明晰。界定课程思政总体目标,即确定学生在完成专业课程学习基础上应具备的素养要求,既要体现专业学习的学术深度,又要关注学生在隐性教育中的思想成长。在此基础上,将总体目标分解成课程思政的二级指标观测点,每个指标观测点的表述要符合在限定时间和条件下具体可测量、可达成的原则,以实现对课程思政总体目标的有效支撑。

②教学内容是否合理准确。教师在准备教案内容时,应通过对课程思政教学相关资料的阅读对照,准确把握相关思政元素的内涵和关键点,明确列出本课程或具体某次课的思政元素和与之对应的具体专业知识点,梳理出明确的思政育人目标。

③教学方法是否灵活巧妙。在备课过程中,教师需要针对本课程或具体某次课的专业知识特点,找到融入思政元素的切入点,选择实效性强的教学方法,确定这些元素呈现的形式、导入途径,让思政元素自然而充分地展现,使其自然融入专业核心教学过程中。

④教学情境是否真切感人。教师应事先分析判断课程或具体某次课的教学环境对专业教学的影响,根据授课环境,设计并营造适合课程思政教学活动的情境,利用真实氛围熏陶,促进抽象的思想政治教育内容产生动人动情、入脑入心的效果。

⑤教学考核是否细腻无形。教学考核目的是检验课程的有效性,课程思政考核不同于专业课程或思政课程,应与课程思政育人目标相匹配,以过程性评估和隐性考核为主,如采用开放式考题、小论文、项目研究报告、课堂或线上讨论等考核学生对不同思政目标和指标维度的理解和达成度,将课程思政育人成效融于专业课程的过程性评价的"无形"之中。

3. 课程思政教学评价的注意事项

(1)忌机械生硬式评价。

课程思政教学是一种隐性教育,因教师的学科背景、人生阅历和教学风格不同而不同,即使面对同样的思政元素、教学内容,呈现的方式也大相径庭。所以课程思政的教学评价不能机械生硬地对教学形式、内容、方法进行限定,而更应当鼓励教师发挥主观能动性,深刻挖掘专业课程内生价值元素,不拘一格地采用灵活巧妙的课程思政教学方式,以实现春风化雨、润物无声的教学效果。

(2)忌单一模式化评价。

教师在教学中引入课程思政,往往会把知识目标,能力目标和情感、态度、价值目标分割为三个环节或三个部分分别实现,导致教学形式的模式化和单调性。实际上,人们对客观事物的认知过程中,一般都蕴涵着情感因素。情感、态度、价值目标在本质上是一种隐性目标,渗透在知识和能力目标之中,是连接知识和能力目标的中介因素,即在知识认知和能力提升过程中,如不伴随积极情感活动,其对人的生命价值、对社会的功效也就不可能实现。

所以,课程思政教学评价应当注重评教与评学相结合、定性与定量相结合、短期与长期相结合的综合化和多元化评价方法和指标体系,从而鼓励教师在教学过程中灵活运用各种教学方法,丰富教学内容,避免刻板单调。

(3)忌走过场式形式化评价。

尽管课程思政教学属于隐性教育,其同样适用于"学生中心、产出导向、持续改进"的教育理念,在课程设计与教学中要清晰聚焦学生在完成学习后能达成的学习目标,教师必须致力于帮助学生发展知识、能力和思想境界,使他们的成长能够达到预期效果。

第九章
新医科课程思政的教学质量保障

一、学校层面

学校是课程思政教学质量保障的评估主体,校教学指导委员会全面主导学校层面的课程思政教学质量保障工作,并负责对各学院课程思政教学质量进行评估。

学校应在现有教学管理制度的基础上,制定课程思政建设总体实施方案,覆盖本科教学培养计划、教材选用、课堂教学、实践教学、成绩评定等各个环节,确保对教学全过程的有效监控及对课程思政教学效果的及时反馈。学校应提供课程思政专项培训、学术交流、研究支持等,帮助教师提高课程思政意识和能力。在学校层面,多部门联动,将课程思政建设要求和内容常态化融入教师的岗前培训、在岗培训、师德师风和教学能力专题培训中,组织开展全校性课程思政专题培训和经验交流活动,启发任课教师结合学科专业特点,找到思政教育的突破口和立足点,将思政元素融入课程教学。

医学院校应当在课程规划与设置中考虑课程思政要素和具体办学定位及培养目标均衡设置课程及内容。课程规划与设置中应当包括思想道德与法治、习近平新时代中国特色社会主义思想概论、马克思主义基本原理、中国近现代史纲要、毛泽东思想和中国特色社会主义理论体系概论、形势与政策、医学伦理学等相关思政课程,通过思想素质、道德修养、普通基础知识与专业教育有机结合,促进学生全面发展,培养学生人文素质修养与社会公共道德水平,使学生树立正确的世界观、人生观和价值观,并在教学中融入医学人文精神及专业特色,以适应医学科学发展及日益变化的人口、文化和卫生保健事业的需求。此外,医学院校可以通过素质类选修课程的设置进行学生思想素质、道德修养和人文素养的培育。各高校根据实际情况开设课程,如文学与写作类、艺术类、心理学类、社会学类、人类学类、历史与文化类、计算机与信息类等课程。

校、院(系)两级教学质量督导组织,对课程思政教学质量工作进行考评:制定相应政策,确立课程思政质量督查和综合评价制度,优化课程思政教学评估方法和程序,完善督导及同行评教、学生网上评教指标,保证评价结果的客观公正,实现教学质量信息的统计分析和有效反馈利用。

学校可制定课程思政教学工作激励机制,并将奖励纳入业绩奖励范围,引导院系将课程思政教学质量纳入专业技术岗位聘用、教师绩效考核和津贴分配体系中,营造良好的教风和学风。学校可采用线上和线下评价相结合,过程性与终结性评价相结合,形成性评价和及时反馈调整相结合的评价体系,及时了解学生思政、能力和知识目标达成情况和教师教学效果,并据此及时调整课程思政的教学设计和策略,做到教书和育人并重,在日常课程教学中润物无声地实现课程思政的育人效果。

二、院系层面

院系为课程思政教学质量保障的责任主体,负责构建院系课程思政教学体系,指导并支持院系基层教学组织健全课程思政教学质量保障体系,对院系实施年度课程思政教学评估,并反馈评估结果。

首先,培养方案是科学设计课程思政教学体系的重要抓手,新医科可以结合学科专业特点和人才培养要求修订培养方案,凝练思政教育内容,将思政元素有机融入教学目标、教学内容和教学全过程中,加强教学改革,将课程思政建设摆在重要位置,积极构建专业课程教学与思政课程教学同向同行的育人格局,努力达到润物无声的育人效果。基于培养方案的科学设计,院系要不断完善课程思政建设内容体系、教学体系和工作体系,明确建设任务,压实建设责任,提升建设质量。

此外,学院可构建由学院院长、教学副院长、学院教学指导委员会、教学督导组、课程负责人组成的教学管理监控体系,明确各级管理岗位的职责,贯彻执行学校各项教学规范和制度,确保教学资源到人,解决教学中的问题,并督导执行。

院系要以学校课程思政教学质量总体要求为基准,制定适合本院系实际情况的课程思政教学实施方案,对课程思政教学质量进行管理、督查和评价,及时掌握日常教学计划的实际执行、学生的反馈等方面的情况,并加以监督调控。

院系要建立课程思政教学质量的学生反馈机制,将学生学习体验调查纳入课程质量评价体系中,通过督导组听课、学生座谈会等多种形式及时发现教学过程中的问题,并采取有效措施加以改进和解决。

院系应关注教师教学与教研能力发展,组织开展以学生为中心的教师教学培训,鼓励教师探索创新形式的课程思政建设,以课程教学创新促进教学质量提升;对青年教师实行导师制度,进行青年教师的教学档案建设,组织青年教师观摩教学等,促使青年教师尽快成长,以保障课程思政教学水平与教学质量可持续提升。

同时,院系应常态化开展课程思政教学改革经验交流和培训,通过多种方式组织任课教师学习、研讨,改进教学方法,完善教学内容,强化育人意识,提升育人效果。同时,学校应该提供必要的教学支持和辅助,如教学设备维护、教学软件更新等,以确保教学质量。

三、基层教学组织

基层教学组织是课程建设和实施的主体,也是课程思政教学质量保障的工作主体,应秉承"以学生为中心"的教育理念,以课程设计和学生学习成果为主要评估对象,建立并实施完善的课程内部质量保障机制,保证课程教学质量的不断提升。

完善课程负责人制度。由课程负责人主持课程大纲修订,保证做到课程思政进大纲、进教案、进课堂,实现课程思政全覆盖。课程教学内容应当与教学目标相对应,从学科认知规律出发,适当拓宽课程的深度和广度,注重强化学生医学伦理教育,培养学生精益求精的大国工匠精神,激发学生为祖国卫生事业的发展和人类身心健康奋斗的使命担当。

基层教学组织应定期组织任课教师开展课程思政教学研究和教学改革研讨,建设课程思政素材库。任课教师在具体教学实施中,应针对本课程思政教学目标实施教学过程,积极进行师生互动,收集学生反馈意见,定期开展课程思政各维度目标达成度分析,通过反思总结不断改进教学,由此实现课程思政教学质量提升。

四、教师个人层面

教师教学能力是课程思政教学质量保障的核心,教师自身的思想政治素质、教书育人的态度和热情直接影响传输给学生的价值观。课程思政教学并不是单纯的"专业＋思政"教学,而是一种以专业为"表型"、以思政为"基因型"的育人方式。它有着与传统专业教学和思政教学共通的特征,也有着一些属于它自身特点的教学策略和教学要点,更需要教师在不同学科课程之间、在不同知识点之间、在专业和思政之间取得平衡。因此,对教师提出了更高的要求。具体要求如下。

1. 对青年学生的真切期待

课程思政的核心在于积极引导学生形成符合时代需求的、积极向上的世界观、人生观和价值观。教师只有内心充满对学生的殷切期待,希望他们拥有积极向上的三观和社会责任感,并期盼他们能在中华民族复兴的伟大时代里有所作为,才能发自内心地对学生给予真诚而正面的引导。思政教育,是心与心的交流,只有那些真心对待学生的教师,才能得到学生的真心回报与尊重,学生才愿意追随教师的引导进入知识和思想的海洋。这是课程思政得以开展的最重要前提。

2. 对专业知识的精深理解

课程思政是依附于专业课程的思政教育形式。因此,其首先依赖于教师对自身的专业知识的精深理解。教师只有对专业知识有深刻的理解,才能听出专业知识点的弦外之音,从而敏锐地觉察思政元素的存在,并正确地剖析这些思政元素在知识点构成中的分布及其与知识点的结合度,并最终将思政教育的"基因"成功表达于专业课堂上。

3. 对思政原理的准确领悟

教师应当积极主动学习思政教育相关的文献资料与国家政策走向,准确领悟思政教育的原理与内涵,学习并掌握思政教育的话语体系。教师只有准确理解思政教育的核心原则和教育原理,才能在专业知识的内涵外延中准确地鉴定思政元素以及相关思政元素在课程思政教育中的地位、类别与特点,才能开展正确的课程思政教学设计,做到与思政课程的同向同行、协同育人。

4. 对时局变化的及时把握

当今世界纷繁复杂,国内外环境充满变数。因此,要使得课程思政贴合实际,反映当前时局,教师必须时时注意了解时局变化,站在中国特色社会主义和中华民族复兴的立场上思考这些变化中的专业知识元素和思政元素,善于将这些最新的国内外时事转变为各种专业知识相关案例和思政案例,并通过准确的解读,将其转化为学生对客观世界的了解,塑造学生积极开放的世界观和国际视野。

5. 对教学技能的熟练掌握

课程思政特别讲究专业知识和思政的平衡感,因此,这对教师的教学技能提出了很高的要求。从实践角度看,教学经验丰富、教学技能高超的教师,往往能很好地掌握专业知识与思政的平衡点,并善于用严密的逻辑、自然从容的教学语言引出与专业知识浑然一体的思政元素,将其深深嵌入学生的知识体系中。同时,掌握熟练的教学技能也有助于把控课堂气氛,并能根据不同知识点和不同思政元素,营造不同的教学情境,感染学生的心灵,达到润物无声般的教学效果。

6. 对育人信念的忠诚坚守

不论是思政课程还是专业课程,其根本的教育目的都是育人。参与新医科课程思政教学的教师需要深刻地认识到这一点,敞开胸怀,接纳课程思政这样一种依托于医学专业课程开展的思政教育。教师必须要坚守为师者的育人信念,将立德树人作为自身的职业信仰,将培养符合中华民族伟大复兴的接班人作为自身对这个时代和民族的最大贡献。

第二篇 新医科背景下不同专业课程思政教学指南

第十章
临床医学专业课程思政教学指南

　　临床医学是研究病因、诊断、治疗和预后,提高临床治疗水平,促进人体健康的科学。它根据病人的临床表现,从整体出发研究病因、发病机理和病理过程,进而确定诊断,通过治疗和预防以消除、控制或延缓疾病,恢复病人健康,减轻病人痛苦,提高病人生活质量,保护劳动力。临床医学的主要学科方向包括内科学、外科学、儿科学、老年医学、神经病学、精神病与精神卫生学、皮肤病与性病学、影像医学与核医学、临床检验诊断学、妇产科学、眼科学、肿瘤学、康复医学与理疗学、运动医学、麻醉学、急诊医学和疼痛医学等。

　　临床医学专业本科教育是整个医学教育连续体中的第一个阶段,其根本任务是为卫生保健机构培养完成医学基本训练,具有初步临床能力、终身学习能力和良好职业素质的医学毕业生;为学生毕业后继续深造和在各类卫生保健系统执业奠定必要的基础。硕士研究生阶段旨在培养具有一定的人文和社会科学知识,比较熟悉临床医学的历史和现状,了解并掌握本学科的最新学术进展,在某一领域或者方向有一定的研究,具有从事临床医学研究、临床教学和医疗工作较强能力的高层次人才。博士研究生阶段旨在培养具有厚实的人文和社会科学知识,熟悉临床医学的历史和现状,掌握本学科的最新学术进展,在某一领域或者方向有深入研究,具备独立从事临床医学研究、临床教学和医疗工作能力的高层次人才。

一、专业特色

　　临床医学是一门涉及领域广泛的医学专业,其专业特色也根据不同的人才培养目标而有所不同。以下将详细介绍临床医学的三个专业方向:临床医学(五年制)专业、临床医学(八年制)专业、临床医学(本硕博实验班)专业。

1. 临床医学（五年制）专业：良好素质初级医师教育

临床医学（五年制）专业主要致力于培养具有良好素质的初级医师。在五年的学习期间，学生将接受基础的医学知识和技能培训，同时也会接触到各种临床实践机会。该专业的培养目标是确保毕业生在成为医生后，能够安全有效地进行医疗实践，并具备终身学习和进一步深造的能力。

2. 临床医学（八年制）专业：精英教育模式

临床医学（八年制）专业是一个精英教育模式，旨在培养具有高度专业素养和卓越临床能力的医学人才。该专业遵循"价值引领，厚植基础，面向临床，聚焦创新"的办学原则，注重学生的综合素质和创新能力的培养。在八年的学习期间，学生将接受严格的医学知识和技能培训，同时也会接触到各种最新的医学技术和研究进展。此外，该专业还非常注重学生的自主学习和团队协作能力的培养，以帮助学生适应不断变化的医疗环境。

3. 临床医学（本硕博实验班）专业：高层次教育模式

临床医学（本硕博实验班）专业是一个更加高层次的教育模式。该专业遵循"本硕博贯通，整体优化，强化基础，注重创新，提升素质"的办学原则，旨在培养具有卓越临床能力、科研能力和创新精神的医学人才。在本科阶段，学生将接受全面的医学基础知识和技能培训，同时也会接触到各种科研项目和实践机会。在攻读硕士学位和博士学位阶段，学生将更加深入地研究某一特定的医学领域，并在此过程中不断提升自己的创新能力和科研水平。

总的来说，临床医学的三个专业方向各具特点，分别针对不同的目标群体和培养需求。学生可以根据自己的兴趣和发展规划选择适合自己的专业方向，以实现个人和专业的最佳发展。

二、专业课程思政教学目标

1. 坚定临床医学生从医信念

在课程中引入医学伦理、医学人文等元素，让临床医学生明白医生的职责不仅是治疗疾病，更是关爱生命、促进公平。这有助于培养临床医学生的社会责任感和敬畏生命的情怀，使他们在今后的工作中能够时刻牢记自己的使命，积极投身于医疗事业。

2. 明确临床医学生的责任、使命和担当

课程思政有助于临床医学生更加清楚自身的学习目标和应具有的责任、使命。通过学习医学史和医学大家的事迹,临床医学生可以了解到医学的复杂性和挑战性,从而更加明确自己的学习目标和职业规划。同时,课程思政还可以培养临床医学生的科技创新素质与能力,引导他们关注医学科技的发展趋势,激发他们的创新热情和探索精神。

3. 培养临床医学生崇高的职业道德及素质

通过学习医学伦理和医学法律法规,临床医学生可以了解到医生的职业道德和行为规范,从而在今后的工作中能够时刻保持职业操守。同时,课程思政还可以培养临床医学生的沟通技巧和团队协作能力,使他们在与患者、同事的交往中更加得心应手。

4. 坚定临床医学生为患者服务的决心

在课程中,教师可以引导临床医学生了解患者的需求和心理,培养他们以患者为中心的服务意识。通过学习医疗法律法规和医疗事故案例,临床医学生可以更深刻地理解医生的责任和压力,从而更加珍惜每一次为患者服务的机会。

5. 提高临床医学生与患者的沟通技巧

通过学习患者心理学和沟通技巧,临床医学生可以更加了解患者的需求和心理,从而在今后的工作中能够更好地与患者沟通交流。这不仅可以提高医疗服务质量,还可以增强患者对医生的信任和满意度。

6. 培育临床医学生参与实现健康中国的崇高理想

在课程中,教师可以引导临床医学生关注公共卫生问题,了解健康中国的战略意义。通过参与社会实践和公益活动,临床医学生可以亲身体验到自己的工作对社会的影响,从而更加坚定他们为健康中国贡献力量的决心。

综上所述,在临床医学专业教学中融入课程思政的内容,能够为临床医学生提供更全面的教育体验,帮助他们树立正确的价值观和职业操守,同时提高他们的综合素质。这为临床医学生今后成为一名优秀医生奠定了良好基础,也为实现健康中国的理想贡献了力量。

三、专业课程教学内容及思政元素

医学是自然科学与社会科学有机统一的综合性学科,其研究对象是人,医学模式由生物-医学模式转变为以患者为中心的生物-心理-社会医学模式,其职业特点要求医学卫生人才不仅要具备广博的专业知识、精湛的操作技能,还应具备高尚的职业道德。医务人员的职业素养对医疗行为影响重大,树立高尚的职业道德有利于其为患者和社会提供更高质量的医疗服务。

1. 救死扶伤、恪守医德的医者精神

以重症医学为例,"重症医学"这门课程,从重症医学的起源、发展、本质及其在灾难事件中为保护人民生命做出的贡献出发,理论联系实践,讲授了重症医学科常见的危重患者的识别,循环系统疾病、呼吸系统疾病及典型疾病的管理和治疗。学生通过对"重症医学"课程的学习,将达成以下三个目标:掌握重症发病的病理机制;形成正确的世界观、人生观、价值观,拥有医者仁心的高尚品格,始终把人民群众生命安全和身体健康放在首位;成为政治坚定、技能扎实、勇于创新的新型复合型医学人才。

重症医学科是一个收治重症患者的科室,是与死神抢夺患者生命的战场。2020年春节之际,面对新型冠状病毒肺炎疫情的严峻形势,华中科技大学同济医学院充分发挥医科特色优势,迅速行动,打响疫情防控阻击战,展现出大爱仁心、敢于担责的"同济担当",校园防控以人为本、守土尽责的"同济榜样",专家学者各展所长、各尽其能的"同济智囊",附属医院中流砥柱、救死扶伤的"同济力量",师生员工众志成城、迎难而上的"同济形象"。医护人员夜以继日地奋战在一线,践行"竭尽全力除人类之病痛,助健康之完美"的医学誓言。

2. 突破自我,求实创新的科学精神

以"临床生物化学及检验技术"课程为例,该课程是由化学、生物化学、临床医学等学科交叉融合而逐步发展起来的一门专业课程,是医学检验技术专业和医学实验技术专业的主干专业课程,是用化学和生物化学技术检测人体标本,了解人体生理、病理状态下物质的组成和代谢,为临床疾病的预防、诊断、治疗和预后提供依据的课程。学生通过对课程的学习,理解和掌握疾病状态下生物化学基础及疾病发生发展过程中的生物化学变化,生物化学标志物用于监测的基本原理和如何通过选择、建立和评价最终用于临床的过程和方法。

3. 爱我中华、强我国家的家国情怀

课程思政将天下事与身边事和专业课程相结合,回顾临床学科发展的历史背景,把爱国情、强国志、报国行自觉融入坚持和发展中国特色社会主义事业、建设社会主义现代化强国、实现中华民族伟大复兴的奋斗之中。课程思政的开展能够有助于临床医学生坚定从医信念,坚定为患者服务的决心和实现健康中国的理想;有助于临床医学生更加清楚自身的学习目标和应具有的责任、使命,提高科技创新素质与能力,树立崇高的职业道德观,以及提高与患者的沟通技巧,为将来成为一名优秀医生奠定良好基础。

四、专业课程思政教学方法

课程思政建设最终要落实到课堂实施。充分挖掘知识点蕴含的思政元素后,接下来教师要做的就是如何在传授专业知识的同时,恰当地传递思政元素信息,这就涉及采取什么样的教学方法,即教学模式的问题。课程思政属于德育教育,应侧重于情感体验和行为锻炼,课程思政实施应注重主动性、参与性、情感性、体验性。因此,在这种情况下,采用合适的教学方法显得尤为重要。临床医学专业课程的思政教学旨在培养医学生的社会责任感、人文关怀、职业操守等方面的素养。

1. CBL 教学法

CBL 教学法,即以病例为基础的教学法(case-based learning,CBL),是"以病例为先导,以问题为基础,以学生为主体,以教师为主导"的小组讨论式教学。教师精心选择与课程内容相关的、生动鲜活的案例和为医学发展无私奉献的名人名家,引发学生思考。利用真实的医学案例,结合伦理、法律等方面的问题,引导学生思考在实际医学实践中可能出现的伦理困境,强调人文关怀和患者权益。

2. PBL 教学法

PBL 教学法,即以问题为导向的教学法(problem-based learning,PBL),

以问题为基础,以学生为主体,以小组讨论为主要形式,在教师的参与下,围绕某一医学专题或具体病例的诊治等问题进行研究。将思政内容嵌入问题,设定知识目标、情感目标、价值目标,培养积极的情感与价值观。

3. TBL 教学法

TBL 教学法,即以团队为基础的教学法(team-based learning,TBL),是以合作学习小组为基本形式,系统利用教学中动态因素之间的互动,促进学生的学习,以团体的成绩为评价标准,团队共同努力达成教学目标的教学方法,旨在培养学生的团队合作沟通能力、集体荣誉感和责任心。课堂上不同的测验方式及作业,既保证了学生基础理论知识的掌握,又培养了学生的临床技能。

4. 实践教学法

实践教学法,即在教师指导下,通过让学生亲身体验、实际操作的方式,帮助学生把理论知识和实际的工作要求结合起来,增强学生对理论知识的理解和掌握程度,锻炼提高学生能力的教学方法,如实验操作、床边教学等。教师要针对实践中涉及的课程思政知识点或技能点,以画龙点睛的方式精准"滴灌",帮助学生树立正确的世界观、人生观与价值观;将课程思政"主战场""主渠道"的"第一课堂"延伸至"第二课堂",积极开展主题鲜明的"三下乡""义诊"等社会实践,实现医疗帮扶与育人、树人相结合,传授医学知识与传承医学使命相促进;安排学生参访医疗机构、社区卫生服务中心等地,参与社区医疗服务、义诊活动等,使学生亲身感受医学实践中的伦理、人文关怀等方面的问题以及医学实践中的社会责任,增强他们对患者需求的理解,并通过实际行动培养责任感。

5. 情境教学法

教师在教学过程中,根据教学目标有目的地引入情境或创设含有真实案例或问题的情境,帮助同学们在参与过程中自主发现问题、探究问题、理解知识的同时促进情感体验,以获得知识、情感的全面提高。教师创设临床场景,进行模拟演练,使学生在模拟的医疗环境中面对不同的伦理和人文挑战,培养其处理实际情况的能力。学生可通过情景剧表演,扮演医生、患者等角色,演绎实际医学情境,强化对伦理问题的理解和处理能力。

6.线上线下混合教学法

随着互联网及信息技术的发展,各种网络平台和资源,如MOOC(massive open online courses,大型开放式网络课程)、SPOC(small private online course,小规模限制性在线课程)等网络课程,"雨课堂""智慧树"等网络教学平台,以及融合了传统课堂与网络优势的线上线下混合式教学等,越来越多地应用于医学教育领域。这些方法可以根据具体课程内容和学生特点进行巧妙组合,使思政教学更加贴近临床实践,更有针对性和实效性。

五、专业课程思政教学效果评价

临床医学专业课程思政教学效果评价可以从以下方面进行。

教学内容:思政内容是否与临床医学专业课程有机融合,是否符合学生的认知规律和实际需求,是否能够引起学生的兴趣和关注。例如,教师可以在课程中融入真实案例,让学生通过分析和讨论案例来理解和运用思政理念。

教学方式:教学方式是否多样化,是否能够让学生在轻松愉悦的氛围中学习,是否能够有效地传递思政理念和医学知识。教学方式可以包括讲座、案例讨论、角色扮演、小组合作等。

对学生的影响程度:思政教学是否对学生的思想观念、价值观念产生积极的影响,是否能够提高学生的医学人文素养和职业道德水平,是否有助于培养学生的创新精神和实践能力。一方面,通过观察学生的言行举止,了解他们对患者和社会的态度,可以间接评估思政教学的效果;另一方面,可以定期进行学生满意度调查,了解他们对思政教学的接受程度和思政教学对他们的成长和发展是否有积极的影响。

学生评价:学生对思政教学的评价如何,是否认为思政教学对他们的成长和发展有积极的影响,是否愿意继续参与思政教学。可以通过问卷调查、个人访谈或小组讨论等方式收集学生对思政教学的评价。评价内容可以包括学生对思政教学内容、教学方式、教师表现等方面的看法和建议。此外,可以了解学生是否愿意继续参与思政教学,以及他们是否有改进的建议。

临床医学专业课程思政教学效果评价体系如表10-1所示。

表 10-1 临床医学专业课程思政教学效果评价体系

维度	具体评价点	阐释
教学内容	相关性	思政内容与临床医学专业课程的融合程度是否合理,是否与学生的认知规律和实际需求相符合
	创新性	思政内容是否具有创新性和吸引力,能否引起学生的兴趣和关注
	可理解性	思政内容是否清晰易懂,是否能够被学生理解和接受
	应用性	真实案例的融入和分析讨论是否能够帮助学生理解和应用思政理念
	深度与广度	思政内容是否有足够的深度和广度,是否能够满足学生的需求
	实用性	思政内容是否具有实用价值,能帮助学生解决实际问题
	启发性	思政内容是否具有启发性,能否引发学生的思考和探索精神
	文化适应性	思政内容是否考虑到文化的适应性,能否在不同文化背景下被学生理解和接受
教学方式	多样性	教学方式是否涵盖了多种方法,如讲座、案例讨论、角色扮演、小组合作等,以满足不同学生的学习需求
	互动性	教学方式是否能够促进师生互动和学生之间的互动,以增强学生的参与度和学习效果
	实践性	教学方式是否具有实践性和操作性,能否帮助学生将所学知识应用到实际情境中
	有效性	教学方式是否能够有效地传递思政理念和医学知识,帮助学生理解和掌握课程内容
	吸引力	教学方式是否具有吸引力,能否吸引学生的注意力并激发他们的学习兴趣
	氛围营造	教学方式是否能够营造一个积极、轻松愉悦的学习氛围,以减轻学生的压力和焦虑感
	技术应用	教学方式是否能够充分利用现代教学技术和工具,以提高教学效果和效率
	反馈机制	教学方式是否能够提供及时、有效的反馈,以帮助学生了解自己的学习进度和不足之处

续表

维度	具体评价点	阐释
对学生的影响程度	思想观念的影响力	思政教学是否能够对学生的思想观念产生积极的影响,如增强医学生的社会责任感、人道主义精神等
	价值观念的塑造力	思政教学是否能够帮助学生建立正确的价值观念,如诚信、尊重生命、良好的职业道德等
	医学人文素养的提升	思政教学是否能够提高学生的医学人文素养,如对患者的关怀、对医学的深入理解等
	职业道德水平的提高	思政教学是否能够提高学生的职业道德水平,如诚实守信、遵守医疗伦理等
	创新精神的培养	思政教学是否有助于培养学生的创新精神和实践能力,如批判性思维、解决问题的能力等
	学生满意度的评估	通过定期进行学生满意度调查,了解学生对思政教学的接受程度和思政教学对他们的成长和发展是否有积极的影响
	行为改变的体现	通过观察学生的言行举止,了解他们在对患者和社会的态度、行为上是否有积极的改变
	综合素养的提升	通过评估学生在思政教学前后综合素质的变化,了解思政教学对学生的全面影响
学生评价	教学内容的评价	学生是否感兴趣,是否认为内容符合他们的学习需求和期望
	教学方式的评价	学生是否满意,是否认为教学方式能够有效地传递思政理念和医学知识
	教师表现的评价	学生是否认可,是否认为教师具备专业素养和教学能力
	对继续参与思政教学的意愿	学生是否愿意继续参与思政教学,思政教学的持续参与度如何
	对思政教学的改进建议	学生是否有针对思政教学内容、教学方式、教师表现等方面的改进建议,以帮助教师优化思政教学
	整体满意度	学生对思政教学的整体满意度如何,是否认为思政教学对他们的学习和发展有积极的作用

第十一章
基础医学专业课程思政教学指南

一、专业特色

基础医学专业是医学教育体系中的重要组成部分,本专业将人文、信息、计算机、生物学知识与基础医学、临床医学知识相结合,旨在培养基础扎实、具有多学科交叉背景、综合素质全面、具有创新能力的复合型人才。基础医学专业学生应具备系统扎实的现代生命科学、基础医学、临床医学等学科的基本理论、基本知识和基本技能,具有从事医学研究和教育工作的能力,具备良好的思想道德和职业态度,为毕业后的进一步深造打下坚实的基础。

基础医学专业立足新时代,面向人民生命全周期和健康全过程的需要,着眼于医学未来发展趋势,致力于满足建设中国特色社会主义现代化国家对医学人才的需求,以其科学、实践、合作和职业素养的培养为特色,为学生提供坚实的基础和广阔的发展空间;培养热爱基础医学,具有崇高理想信念与科学家精神、深厚人文底蕴、扎实专业基础、宽广国际视野与较强创新能力,能潜心医学基础研究、勇攀科学高峰的德才兼备的拔尖医学人才。

二、专业课程思政教学目标

基础医学专业的课程思政教学将根据专业人才的培养特点与专业能力需求,深入研讨课程教学大纲,分析专业性质与特点,系统梳理课程的教学内容与素材,科学合理设计思政教育内容;将思政元素有机融入各门专业课,挖掘专业知识体系本身所蕴含的思政教育元素,提升学生专业认同度。

1. 明确思政教育方向,推动思政教育融入课堂

教师在基础医学课程思政教学的过程中,应注重培养学生的爱国主义、集体主义等正确思想观念,同时注重对学生的医学职业道德感、法律意识等方面的培养;培养学生的社会责任感与人文情怀,促进学生的发展与中国特色社会主义建设的未来发展方向一致。

2. 适应医学教育改革,注重学生综合能力培养

基础医学专业知识更新速度快,课程思政教学有助于推动学生明确自身学习目标与责任。教师在教学过程中应注重对学生实践能力的培养,提高学生的实验素养与解决问题的能力;注重合作意识的培养,促进基础医学专业的学生与其他医学从业人员等沟通与合作的开展;注重学习与创新意识的培养,强化学生的终身学习意识与创新热情。

3. 明确学生责任担当,培养崇高职业道德

基础医学专业学生通过学习医学伦理、实验室规章等内容,可以对专业的学术道德、行为规范有更多认识,在学习、工作中保持职业操守,成为有责任、有担当的医学人才。

4. 个人发展顺应时代潮流,共同建设健康中国

教师在基础医学的课程教学中有机融入新中国取得的伟大成就、现阶段面临的机遇与挑战等思政教学元素,引导学生关注热点的公共卫生事件、医学前沿等内容,将天下事与身边事相结合;通过组织开展实践调研活动,使学生感悟所学知识对社会的贡献,促进学生将个人的发展融入时代的发展中,为健康中国建设贡献基础医学的力量。

三、专业课程教学内容及思政元素

基础医学专业发挥课堂思政教育"主渠道"作用,将思想政治教育有效融入专业课程的教学中,做到门门课程有思政、教师人人讲育人。

1. 树立学生家国情怀,奉献祖国卫生事业

基础医学专业对国家医疗事业的发展十分重要,应促进学生深入了解国家急切需求,关注学科研究前沿,让学科发展推动医疗水平进步。

教师在专业授课过程中,可以结合我国基础医学研究领域的案例,引导学生树立家国情怀,增强学生学习动力。例如在"人体寄生虫学"的课程教学中,教师可以通过对我国多年来血吸虫病防控诸多举措的介绍,对我国血吸虫病防治的现状与成就的讲解,引导学生理解基础医学与国家医疗事业的关系,培养学生的责任感。

2. 培养严谨学习态度,发扬求实科学精神

科学精神是以科学理论和方法为基础,追求真理、追求知识、追求创新的思维态度与行为方式。对基础医学专业的学生而言,需要培养其严谨的学习态度,使其学习并掌握好专业知识,夯实专业基础;发扬求知探索精神,要在学习过程中敢于提出问题,勇于探索未知领域;发扬科学的实证精神,认识到基础实验与科学研究的重要性。

在授课中,教师应加强对学生科学精神的引导,锻炼学生的科学思维,促进学生构建扎实的基础知识体系并掌握科学研究的方法。例如在"生物化学与分子生物学"的课程教学中,介绍我国生物化学家的贡献,并引申为职业素质的教育。教师应引导学生结合科学研究的内容对科学思维、批判性思维展开探讨,结合疾病分子机制的发现过程,将基础医学与临床实践联系起来。

3. 增强学生实践能力,知行合一

实践能力是指将理论知识应用于实际问题解决的能力,是学生运用所学知识进行实际操作和实践活动的能力。实践锻炼可提高学生解决问题的能力与知识运用的能力。基础医学课程思政教学注重培养学生的实践能力,学习思政理论并掌握国家的政策、法律法规与社会现况,为实践活动提供理论指导。

例如在"病理生理学"的课程教学中,教师可以以危害人们健康的重大疾病为例,讲解医学前辈的医学实践,激发学生的探究兴趣,开展相关的社会实践活动,锻炼学生的实践能力。

4. 加强学生创新能力,关注学科发展前沿

创新能力是在技术和各种实践活动领域中不断提供具有经济价值、社会价值、生态价值的新思想、新理论、新方法和新发明的能力。

在基础医学的教学中,教师应注重培养学生的创新意识,引导学生了解基础医学研究的前沿动态,激发创新热情;锻炼学生的创新能力,加强知识与实践能力的培养,促进学生创新能力的提升;鼓励创新实践,开展本科生进实验室,参与科研项目、学术竞赛等活动,培养学生的创新实践能力;创造创新文化氛围,通过课程优化和学科建设优化,构建适合创新的学习环境与氛围,激发学生的创新意识与创新热情。

四、专业课程思政教学方法

课程思政的建设,最终需要落实到课堂实施。基础医学专业的教师要在教学中充分挖掘专业知识所蕴含的思政元素,根据专业内容与思政内容的融合,考虑具体需求选择合理的教学方法,通过课堂互动、信息技术运用、实地调研、交流研讨、情境展示等多种方式,做到"寓教于思,立德树人"。

1. 课堂讲授融入思政内容,课堂交流研讨结合思政内容

课程思政建设应充分挖掘各专业知识点中的思政元素,在课堂讲授中结合思政案例开展课题讨论。例如在阿片类镇痛药部分的教学中,教师可以通过引入芬太尼问题、联邦止咳露成瘾事件等,讲授药物滥用的危害并融入思政内容;从国家大政方针出发,组织学生对相关问题发表自身的见解,开展小组讨论,推动课堂结合思政内容交流研讨。

2. 知识拓展与夯实基础相结合

教师在完成课堂教学、透彻讲解知识点的基础上,对基础知识进行拓展和启发,培养学生解决问题的能力。首先,可以通过展示我国基础医学领域的代表性成果、研究进展,让学生了解专业学术前沿以及我国学者在医疗领域的贡献,增强学生的民族认同感、文化认同感,增强学生的专业学习信心。其次,在夯实学生知识基础的同时,注重思维的拓展与能力的培养,增强学生的国家认同感与使命感,促使学生对未来发展方向进行思考。

专业课程教学与思政元素的结合,既保障了课堂基础知识的夯实,又可以锻炼学生的思维。

3. 线上学习与线下思政教学相结合

随着信息技术与教学方法的不断发展,线上学习与线下教学相结合的教学方法已越来越普遍。线上学习资源丰富、形式多样,学生通过线上视频学习相关知识,能够有效提升学习兴趣和学习效果。线下教学在讲授、交流与讨论上具备优势,通过整合线上和线下的教学资源,实现教师与学生的双向互动。

例如,在线上课程中通过视频讲述我国基础医学领域相关专家的故事,在线下开展专业知识的讲授以及讨论,有助于培养学生的自主学习能力与讨论能力,优化教学效果。

4. 榜样力量与知识讲授相结合

我国基础医学领域专家辈出,前辈在追寻知识高峰、面对挑战、探究科学真理过程中展现出的优秀品质与精神,可以有效促进学生汲取榜样的力量。

在基础医学各课程的教学中,教师可以从名家前辈的故事与研究成果入手,讲好中国科学家的故事,引入专业课程的知识点,增强学生学习兴趣与内驱力,使其学习榜样所展现出的优秀品质,汲取榜样力量,弘扬科学家精神。大量的案例与故事,可以丰富课堂讲授内容。

5. "第二课堂"教学与课堂教学相结合

课堂教学为学生传授基础知识,通过课堂中的讲授、讨论、分析等,促进学生积极思考并理解、掌握理论知识。在此基础上,可打造"第二课堂"强化思政教学。

教师可以在专业课程中组织实践活动,例如组织血吸虫病防治所考察、人体生命科学馆参观等活动,使学生通过体验去理解专业知识的内涵与本质,在实践中理解专业的使命。

五、专业课程思政教学效果评价

基础医学专业课程思政教学效果评价可以从以下几个方面展开(见表11-1),并可将课程思政教学效果的评价融入人才培养质量、教学质量评价中。

表 11-1　基础医学专业课程思政教学效果评价指标体系

一级指标		二级指标	
家国情怀	增强学生的爱国主义和集体主义精神，增强学生对民族文化的认同，培养学生具有服务国家重大战略需求的远大理想和责任担当	爱国主义精神	将个人职业发展和国家重大需求相结合，愿为祖国医学科学事业发展贡献力量
		集体主义精神	能够意识到自己专业知识的局限性，尊重其他卫生从业人员及同仁，具有团队协作和良性竞争意识、人际交往和与他人沟通合作的能力，注重相互合作和学习
		使命担当	树立服务健康中国战略、努力科技报国的理想信念，增强成为顶尖医学科学家和未来医学领军人才的信心，具有保护并促进个人和人群健康的责任意识，始终将维护民众的健康利益作为自己的职业责任
		国际视野	理解人类卫生健康共同体的理念和价值，理解全球健康问题以及健康和疾病的影响与决定因素，具有较强的国际合作和竞争意识
科学精神	树立科学的世界观、人生观和价值观，以科学方法解决生活和工作中的问题；崇尚学术，具有严谨求实的科学研究态度，树立终身学习观念	科学态度	具有严谨求实的科学研究态度，崇尚科学精神，崇尚学术，树立终身学习观念，具有自主学习和终身学习能力，充分认识不断自我完善和接受继续教育的重要性
		科学思维方法	能够应用医学等科学知识处理个体、群体和卫生系统中的问题，能够应用科学方法进行问题的探讨
创新精神	培养独立思维、批判性思维、敢于创新和独立工作的能力，树立为新知识产生、新技能发现和知识传播做贡献的意识	创新意识	具有为新知识产生、新技能发现和知识传播做贡献的意识，敢于分析批判和创新
		创新能力	能够获取、甄别、理解并应用医学等科学文献中的数据，具有独立思考、批判性思维、敢于创新和独立工作的能力

续表

一级指标		二级指标	
职业道德	明确医疗和医学科学研究中基本法律法规和职业道德的规范约束作用,增强职业道德和学术道德,强化维护公众健康的职业意识	规则意识	能了解并遵守医疗行业的基本法律法规和职业道德,学会用法律保护患者和自身的权益,树立学术诚信意识,恪守学术道德,自觉抵制学术不端行为
		大健康理念	树立大健康、大卫生的理念,对患者和公众进行有关健康生活方式、疾病预防等方面知识的宣传教育和指导,知晓自身健康对患者可能构成的风险
人文关怀	树立正确的医学伦理观念,树立人文关怀观念,尊重个人信仰和文化差异	医学伦理	树立正确的医学伦理观念,在学习与科学研究过程中遵循伦理要求,保护受试者隐私;坚持以预防疾病发生、减轻和驱除患者的病痛为己任,认识到提供临终关怀的道德责任;注意树立医学科学研究中的动物伦理学意识
		社会伦理	尊重个人信仰,尊重每一个人,理解其人文背景及文化价值
		环境伦理	理解医疗垃圾或实验废弃物对公众健康可能构成的风险
实践能力	将所学理论知识、技能、方法结合科学研究实践,综合性解决实际问题	实践能力	具有基础医学的科学研究思维和实践的能力,能够开展基础医学科学研究实践,逐步探索未知领域
		沟通能力	具有良好的交流沟通能力,能够与团队成员及其他卫生专业人员等进行有效的交流

第十二章
公共卫生与预防医学专业课程思政教学指南

一、专业特色

公共卫生与预防医学是当前国家发展战略中备受重视的专业领域。党的二十大报告明确提出,推进健康中国建设,把保障人民健康放在优先发展的战略位置,完善人民健康促进政策,健全公共卫生体系。教育部也明确提出,研究生计划增量,重点投向公共卫生等专业。2020年,国务院办公厅发布的《关于加快医学教育创新发展的指导意见》指出,要加快高水平公共卫生人才培养体系建设:提高公共卫生教育在高等教育体系中的定位,依托高水平大学布局建设一批高水平公共卫生学院;加强培养体系建设,强化预防医学本科专业学生实践能力培养,加强医学院校与疾病预防控制中心、传染病医院的医教研合作;将公共卫生硕士专业学位培养计划作为公共卫生研究生教育的主体培养计划,创立发展公共卫生博士专业学位教育,开展多学科背景下的公共卫生高层次人才培养改革试点。

公共卫生与预防医学相关学科专业已纳入"国家关键领域急需高层次人才培养专项招生计划"支持范围,鼓励增加专项研究生招生计划数量,在"十四五"期间持续扩大培养规模。随着培养规模的持续扩大,公共卫生与预防医学专业逐渐成为医学教育领域中备受瞩目的焦点。紧密契合国家需求和医学教育改革方向,该专业的特色将成为塑造未来卫生领域专业人才的独特标志。以下我们将深入探讨公共卫生与预防医学专业的特色,探寻其在健康中国建设和医学教育创新中的独特价值。

1. "基础-临床-疾控"协同发展

公共卫生与预防医学专业最突出的特色在于其强调卫生科学的"基础-临

床-疾控"三位一体协同发展模式。这一模式涵盖了卫生领域的核心组成部分,确保了专业人才的全面素养和综合能力。首先,本专业强调基础医学和卫生科学的深度研究,使学生在流行病学、环境卫生学等领域取得扎实的理论知识,这为学生理解卫生问题的本质、深入探讨疾病机制提供了坚实基础。其次,本专业注重临床实践,使学生能够将基础研究成果应用到实际医疗场景中。通过参与医学实践,学生将具备诊断、治疗和卫生干预的实际操作技能,提高卫生问题的解决效能。最后,本专业强调疾病预防控制(疾控)体系的综合应用。学生将学习在面对不同疫情、传染病暴发等紧急事件时,如何运用疾控方法进行科学干预,协调应急响应,最大限度地保障公众卫生安全。

2. 多层次、跨学科、综合性的医学特性

公共卫生与预防医学专业涵盖了流行病学、环境卫生学、卫生政策与管理等多个领域,将预防医学和人文信息科学、生物学、基础医学、临床医学等相结合,展现出一种深入研究、广泛干预、全面管理的综合性医学特性。公共卫生与预防医学专业在研究层面强调深入挖掘各学科领域的核心问题,包括疾病传播规律、环境卫生因素等,从而使本专业人才获取更为全面和深刻的理解。与此同时,通过卫生政策与管理等知识的学习以及创新研究方法的运用,本专业人才致力于在多个层面、多个领域广泛介入,以有效控制疾病的传播,改善社会卫生状况。这种广泛的干预策略强调的不仅是治疗,更是对整个公共卫生系统的全面管理。公共卫生与预防医学致力于实现对疾病和健康的全面管理,包括疾病的预防、监测、治疗以及卫生政策的制定和优化。协调各种资源和实施全面性的措施,其旨在提高社会的整体卫生水平。

3. 医防融合,预防为主

公共卫生与预防医学是现代医学体系的重要组成部分,学科以人群为主要研究对象,以疾病预防、健康促进、生命质量提升为主要目的。本专业注重医学与预防的有机结合,强调将医学领域的知识与预防措施相融合。这种融合性特色使得专业人才既具备临床医学知识,又能在预防和控制疾病方面发挥专业优势。随着人口结构的变化、生活习惯的改变、人类疾病谱和死因谱的变化,现代的医学模式要求加强对突发公共卫生事件、慢性非传染病预防的关注。《"健康中国2030"规划纲要》明确指出,要建立公共卫生与临床医学复合型高层次人才培养机制。突发公共卫生事件防控、健康中国建设、公共健康等,无不强调公共卫生实践离不开预防医学,强化预防为主的思维。

4. 面向全球视野格局,打造紧急响应能力

公共卫生与预防医学专业立足于解决国家重大健康问题,服务于国家卫生政策决策,促进全球公共卫生事业繁荣,旨在培养适应我国疾病预防控制体系和全球预防医学事业发展需求的创新型、研究型、复合型高层次领军人才,使学生具备扎实的预防医学理论知识功底和全面的公共卫生专业实践技能,医学和人文素养突出,能够聚焦学科前沿,洞悉国内外发展动态,创新研究视野,独立开展预防医学及相关领域的科研、教学工作,胜任疾病预防与控制、卫生监测评估与监督管理、突发公共卫生危机预警与现场应急响应协调、公共卫生政策制定与优化等公共卫生安全保障相关领域的工作。

二、专业课程思政教学目标

立德树人是高校立身之本,才为德之资,德为才之帅。高等教育发展方向必须同国家发展的现实目标和未来方向紧密联系,一流大学必须培养出一流的人才,为国家和社会服务,为人民服务,为治国理政服务,为坚持和完善中国特色社会主义制度服务,为改革开放和社会主义现代化建设服务。

目前,人类的疾病模式正在发生着深刻的变化,慢性非传染性疾病、传染性疾病成为人类健康的主要威胁。健康逐渐被提到优先发展的战略地位,"健康中国2030"战略提倡全民健康,预防为主。针对生活行为方式、生产生活环境以及医疗卫生服务等健康影响因素,落实预防为主,推行健康生活方式,减少疾病发生,强化早诊断、早治疗、早康复,实现全民健康。一流预防医学人才培养成为国家重大需求。

公共卫生与预防医学专业学生作为公共卫生事业的建设者和接班人,肩负着促进人民健康,提供疾病防治、健康教育及预防保健服务的重要责任,承担着健康中国建设的时代使命。将健康中国战略融入公共卫生与预防医学专业课程思政教学中,以培养具有深厚的人文底蕴、严谨的科学精神、强烈的创新意识、良好的职业素养、较高的社会责任感、能够自主学习的合格预防医学生,为在疾病防治、健康教育及预防保健等方面保障和促进人类健康做出贡献。

公共卫生与预防医学是医学领域中的重要分支,其专业特色在于强调预防为主,注重群体健康,以公共卫生政策、环境卫生、食品卫生、传染病预防等为主要研究对象。在学科发展过程中,公共卫生与预防医学专业学生不仅需要掌握丰富的医学知识,还需要具备社会学、心理学、经济学等多方面的综合素质。下面围绕态度、知识、技能等方面进一步剖析公共卫生与预防医学的课程思政教学的具体目标。

1. 深耕马克思主义理论,铸就高尚道德品质

①理论学习与人文关怀相结合。学生不仅要深入学习马克思主义理论,更要将这些理论与人文关怀相结合。学生通过学习医学伦理、社会学等相关课程,培养对人类健康事业深厚的情感,从而在实践中践行高尚的道德品质。

②举一反三,灵活运用理论。强调学生理解理论的深刻内涵,培养灵活运用理论解决实际问题的能力。案例分析和实际操作,使学生在面对复杂医学伦理问题时能够做出符合人道和伦理原则的决策。

2. 洞察国家公共卫生政策,强化法治意识

①深入解读政策文本,理解政策背后的宗旨。学生需要通过深入解读国家公共卫生政策文本,理解政策背后的社会医学理念和目标,从而确保其在实际工作中能够对政策有全面准确的把握。

②模拟法律案例,提升法治应对能力。通过模拟法律案例,培养学生在法治环境中应对各类医学纠纷和伦理困境的能力。这有助于他们在复杂医学实践中保持法治意识,规范职业行为。

3. 培养求真务实、勤奋敬业的医学精神

①实践技能培训与理论知识相结合。强调在培养学生医学精神时,实践技能培训与理论知识的相互促进。通过真实临床案例模拟、技能操作等实践活动,学生能够将所学理论知识灵活应用于实际医学工作中。

②跨学科培养全面医学人才。鼓励学生广泛涉猎医学领域的各个方面,不仅注重专业知识的学习,还培养跨学科的综合素养。这有助于学生更全面、更全心全意地为人民服务,追求医学事业的卓越。

4. 加强公共卫生伦理素质与社会责任感

①深刻理解公共卫生伦理。学生需深刻理解公共卫生伦理的基本原则和规范,包括尊重人权、保护隐私等,掌握公共卫生伦理决策的过程和方法,如利益冲突管理、伦理审查等。

②培养伦理判断力与责任感。通过伦理决策过程的学习,学生能够在实践中做出符合伦理原则的决策,并增进对人类健康事业的感情,增强对人类健康事业的责任感;同时,培养学生的道德素养和职业操守,使其遵守公共卫生伦理规范,为人民群众的健康权益保驾护航。

三、专业课程教学内容及思政元素

医学专业课难度大、内容多,基于新医科课程思政教学目标制定依据和基本思路,在讲述科学原理、科学定理的同时挖掘思政元素,在授课过程中开展有效的课程思政教学尤为重要。事实上,任何一门学科的发展史,都是一部科学探索发现的历史,前人在追求真理的过程中不断探索,寻找规律,造福人类。从这个角度来说,每一门课程都在不同程度、不同侧面蕴含着丰富的思政元素。对于课程思政内容的建设,可遵循一勘探、二采掘、三冶炼、四打磨的原则:首先,通过勘探,找准本门课程中的思政教育资源;其次,通过采掘,深度挖掘生动有效的育人元素;再次,通过冶炼,与本专业基本原理、前沿知识有机融合;最后是打磨,通过反复推敲演练,把课堂变成专业与思政无缝衔接的金课。具体课程思政元素的详细阐释如下。

1. 家国情怀

家国情怀是指对国家和民族的高度关注和热爱,以及为国家发展和民族复兴而努力奋斗的责任感和使命感。公共卫生与预防医学专业关注群体健康,以公共卫生政策、环境卫生、食品卫生、传染病预防等为主要研究对象。在这个领域,从业人员需要具备强烈的家国情怀,关注人民群众的健康利益,以国家利益为重,体现在以下几个方面。

(1)关注国家公共卫生事业。

作为公共卫生与预防医学专业的学生,应该时刻关注国家公共卫生事业的发展和现状,了解国家卫生政策、法律法规以及相关的管理知识。通过课程学习,学生可以了解我国卫生法律法规的发展历程和主要内容,了解国家在维护人民健康方面的努力和成果,从而增强国家意识和爱国情感。

(2)关注国家重大传染病疫情。

近年来,我国面临着一些重大传染病疫情的挑战。作为未来的公共卫生从业人员,应该时刻关注这些疫情的发展动态,了解国家的应对策略和措施,同时积极参与到疫情的防控工作中。通过课程学习,学生可以了解我国抗击传染病的典型案例和英雄人物事迹,感受国家在应对传染病疫情中的坚强决心和行动。

(3) 关注国家卫生健康政策。

国家卫生健康政策是关系到人民群众健康的重要因素。作为未来的公共卫生从业人员,应该关注国家卫生健康政策的制定和实施,了解国家对公共卫生与预防医学领域的投入和支持。通过课程学习,学生可以了解我国卫生政策的制定和实施过程,了解国家在公共卫生领域的投入和支持情况,从而增强学生的家国情怀。

(4) 关注国家在全球卫生领域的贡献。

随着全球化进程的加速,公共卫生问题已经超越国界成为全球性的挑战。作为未来的公共卫生从业人员,应该关注我国在全球卫生领域的贡献和作用,了解我国在国际公共卫生合作和交流中的地位和影响力。通过课程学习,学生可以了解我国在全球卫生领域的贡献和作用,了解我国在国际公共卫生合作和交流中的地位和影响力。

在课程思政教学中,教师可以结合具体案例和知识点,引导学生关注国家公共卫生事业的发展和现状,强化学生的国家意识和爱国情感。例如,在讲解卫生法律法规这一部分时,可以引入我国卫生法律法规的发展历程和主要内容,让学生了解国家在维护人民健康方面的努力和成就;在讲解传染病预防这一部分时,可以引入我国抗击传染病的典型案例和英雄人物事迹,引导学生感受国家在应对传染病疫情中的坚强决心和行动;在"卫生统计学"课程中,讲解如何运用统计方法研究人群健康状况和疾病流行趋势时,可以引入我国政府在疫情防控中采取的积极措施和取得的成效,如动态清零、疫苗接种等。这可以培养学生的家国情怀,使其认识到公共卫生与预防医学在国家治理中的重要地位。

2. 科学精神

科学精神是指对科学真理的追求和坚持,以及对科学方法的尊重和创新。其具体内涵包括求真务实、勇于探索、开放包容等,体现在科学研究和实践中所应具备的严谨态度、求真精神、创新精神、客观态度等。公共卫生与预防医学专业相关人员需要以科学精神为指导,遵循科学规律,运用科学方法和技术进行研究和实践。在课程教学过程中,教师应该注重培养学生的科学精神,让学生了解科学研究的基本原则和方法,掌握科学思维和科学探究的能力。科学精神具体体现在以下几个方面。

(1)严谨的态度。

科学精神首先要求的是严谨的态度。在公共卫生与预防医学领域,任何一个数据的误差都可能导致严重的后果。因此,培养学生的严谨态度是非常重要的。在课程教学内容中,教师可以结合具体案例让学生了解到严谨态度的重要性。例如,在讲解流行病学这一部分时,可以引入一些因为数据不准确导致错误结论的案例,让学生认识到严谨态度在科学研究中的重要性。

(2)求真的精神。

科学精神的本质是求真,即在科学研究中要追求真实、准确的知识。在公共卫生与预防医学的课程教学过程中,教师应该注重培养学生的求真精神。例如,在讲解预防医学这一部分时,可以介绍一些科学家为了追求真实、准确的知识而不畏艰难、勇于探索的故事,让学生认识到求真精神是科学研究中不可或缺的一部分。

(3)创新的精神。

科学精神还包括创新的精神,即在科学研究中要勇于创新,突破传统观念的束缚。在公共卫生与预防医学的课程教学内容中,教师可以结合一些创新性的实验或项目来培养学生的创新精神。例如,在讲解卫生政策这一部分时,可以引入我国在公共卫生领域的创新实践和政策探索,如健康中国战略、医疗体制改革等,同时也可以让学生针对某一卫生政策进行调研并提出自己的创新性建议,这样不仅可以培养学生的创新能力,还可以让他们更好地了解学科前沿和发展趋势。

(4)客观的态度。

科学精神要求在科学研究中保持客观的态度,即不带有主观偏见和个人情感。在公共卫生与预防医学的课程教学过程中,教师应该注重培养学生的客观态度。例如,在讲解公共卫生事件这一部分时,可以引入一些因为主观偏见而导致错误决策的案例,让学生认识到客观态度在科学研究中的重要性。

公共卫生与预防医学专业课程思政要素如表12-1所示。

表 12-1　公共卫生与预防医学专业课程思政要素

要素	内容	示例
家国情怀	增强学生对国家、民族和文化的认同感,激发使命担当意识	在讲解卫生法律法规这一部分时,可以引入我国卫生法律法规的发展历程和主要内容,让学生了解国家在维护人民健康方面的努力和成果;在讲解传染病预防这一部分时,可以引入我国抗击传染病的典型案例和英雄人物事迹,引导学生感受国家在应对传染病疫情中的坚强决心和行动;在"卫生统计学"课程中,讲解如何运用统计方法研究人群健康状况和疾病流行趋势时,可以引入我国政府在疫情防控中采取的积极措施和取得的成效,如动态清零、疫苗接种等,培养学生的家国情怀
科学精神	塑造求真务实的理性精神和科学的实证精神,能运用科学原理和科学方法认识问题、分析问题和解决问题,勇于探索,恪守科学的社会伦理准则,为人类谋福祉	在讲解预防医学这一部分时,可以介绍一些科学家为了追求真实、准确的知识而不畏艰难、勇于探索的故事,让学生认识到求真精神是科学研究中不可或缺的一部分;在讲解卫生政策这一部分时,可以引入我国在公共卫生领域的创新实践和政策探索,如健康中国战略、医疗体制改革等,同时也可以让学生针对某一卫生政策进行调研并提出自己的创新性建议,这样不仅可以培养学生的创新能力,还可以让他们更好地了解学科前沿和发展趋势
职业道德	明确法律法规、行业标准、政策对医学的规范约束作用,关注民生健康,担当社会责任,维护医学公平正义,保障健康和公众权益,加强职业道德素质	在讲解灾害应对这一部分时,可以引入应对地震灾害的案例,公共卫生工作者需要将保护人民的生命安全放在首位。他们需要快速响应,及时到达受灾地区,并采取必要的医疗救援和防疫措施。在此时,他们需要与相关部门紧密合作,合理分配医疗资源,确保救援工作的有效性和及时性。通过案例教学,让学生认识到尊重生命在公共卫生与预防医学领域中的重要性。在讲解公共卫生资源分配这一部分时,可以引入疫苗接种计划的案例,公共卫生工作者需要秉持公平正义的原则,确保疫苗资源的合理分配,制定公平的接种政策,确保每个符合接种条件的人都能够获得疫苗接种的机会。同时,还需要加强对疫苗接种的监管,确保接种工作的公正性

续表

要素	内容	示例
人文关怀	关注人的生命价值、精神需求和情感体验,强调对人的尊重、关注和关心	在讲解慢性病管理这一部分时,可以引入一些慢性病患者的案例,让学生了解慢性病患者的生理和心理需求,掌握慢性病管理的基本知识和技能,让学生了解心理健康对人类健康的重要性
全球视野	具备全球视野和国际意识,关注全球范围内的卫生问题,积极参与国际合作与交流	在讲解流行病学这一部分时,可以引入跨国传染病防控、国际卫生合作等案例,让学生了解跨国卫生问题的现状和应对策略,熟悉全球范围内的公共卫生现状和发展趋势,关注重大公共卫生事件

3. 职业道德

职业道德是指从事一定职业的人们在职业活动中应该遵循的行为规范和职业操守。公共卫生与预防医学的从业人员需要具备高尚的职业道德,包括全心全意为人民服务、社会责任感、诚信守法等。在课程教学过程中,教师应该注重培养学生的职业道德素质,让学生了解职业道德的基本原则和规范,掌握职业道德的实践方法和技巧。职业道德主要体现在以下几个方面。

(1)责任意识。

职业道德的首要要求是具有责任意识,即在工作中要明确自己的职责和义务,对自己的工作负责。在公共卫生与预防医学领域,责任意识是非常重要的。例如,在疫情暴发时,公共卫生工作者需要承担起防控疫情的责任,积极采取措施,保护人民群众的健康。在课程教学内容中,教师可以结合具体案例让学生了解到责任意识的重要性。例如,在讲解传染病防控这一部分时,可以引入一些因为责任意识不足导致疫情失控的案例,让学生认识到责任意识在公共卫生与预防医学领域中的重要性。

(2)尊重生命。

职业道德要求尊重生命,即在工作中要把保护人民群众的生命安全放在首位。在公共卫生与预防医学领域,尊重生命是非常重要的。例如,在应对突发事件时,公共卫生工作者需要将保护人民的生命安全放在首位,采取及时有效的措施。在课程教学内容中,教师可以结合具体案例让学生了解到尊重生命的重要性。例如,在讲解灾害应对这一部分时,可以引入应对地震灾害的案例,公共卫生工作者需要将保护人民的生命安全放在首位。他们需要快速响应,及时到达受灾地区,并采取必要的医疗救援和防疫措施。在此时,他们需要与相关部门紧密合作,合理分配医疗资源,确保救援工作的有效性和及时性。通过案例教学,学生可以认识到尊重生命在公共卫生与预防医学领域中的重要性。

(3)公平正义。

职业道德要求公平正义,即在工作中要坚持公平正义的原则。在公共卫生与预防医学领域,公平正义是非常重要的。例如,在资源分配时,公共卫生工作者需要秉持公平正义的原则,确保资源的合理分配。在课程教学内容中,教师可以结合具体案例让学生了解公平正义的重要性。例如,在讲解公共卫生资源分配这一部分时,可以引入疫苗接种计划的案例,公共卫生工作者需要秉持公平正义的原则,确保疫苗资源的合理分配,制定公平的接种政策,确保每个符合接种条件的人都能够获得疫苗接种的机会。同时,还需要加强对疫苗接种的监管,确保接种工作的公正性。

(4)诚实守信。

职业道德要求诚实守信,即在工作中要诚实守信、言行一致。在公共卫生与预防医学领域,诚实守信是非常重要的。例如,在报告疫情时,公共卫生工作者需要如实报告疫情情况,不得隐瞒或歪曲事实。在课程教学内容中,教师可以结合具体案例让学生了解到诚实守信的重要性。例如,在讲解疫情报告这一部分时,可以引入一些因为谎报数据导致疫情失控的案例,让学生认识到诚实守信在公共卫生与预防医学领域中的重要性。

4. 人文关怀

人文关怀是指在医学领域中关注人的生命价值、精神需求和情感体验,强调对人的尊重、关注和关心。在公共卫生与预防医学专业领域中,人文关怀是一个非常重要的方面,教师应引导学生关注人类健康和福祉,了解人类生理和心理需求,尊重人的价值和尊严,培养学生的同情心和人文关怀意识。人文关怀意识主要体现在以下几个方面。

(1)尊重生命价值。

人文关怀首先要求尊重人的生命价值,即在工作中要把保护人民群众的生命安全放在首位。在公共卫生与预防医学领域,尊重人的生命价值是非常重要的。例如,在应对突发事件时,公共卫生工作者需要将保护人民群众的生命安全放在首位,采取及时有效的措施。同时,在课程教学内容中,教师可以结合具体案例让学生了解到尊重人的生命价值的重要性。例如,在疫情初期,当医疗资源紧张时,公共卫生工作者需要优先保障重症患者的医疗需求,尽可能地减少死亡人数。在制定防控措施时,也需要考虑到人民群众的生命安全和健康。

(2) 关注精神需求。

人文关怀要求关注人的精神需求,即在工作中要关注人民群众的情感体验和心理健康。在公共卫生与预防医学领域,关注人的精神需求同样是非常重要的。例如,在疫情暴发时,公共卫生工作者不仅需要提供生理卫生方面的帮助,还需要关注人民群众的心理状况,提供心理健康方面的支持和辅导。在课程教学内容中,教师可以结合具体案例让学生了解到关注人的精神需求的重要性。在讲解慢性病管理这一部分时,可以引入一些慢性病患者的案例,让学生了解慢性病患者的生理和心理需求,掌握慢性病管理的基本知识和技能,让学生了解心理健康对人类健康的重要性。

(3) 培养同理心与沟通能力。

人文关怀要求培养同理心与沟通能力。同理心是指能够理解他人的情感和需求,沟通能力是指能够有效地与他人进行交流和合作。在公共卫生与预防医学领域,同理心与沟通能力对于工作的开展非常重要。例如,在与患者沟通时,医护人员需要理解患者的需求和情感,以提供更好的医疗服务。在课程教学内容中,教师可以结合具体案例让学生了解到同理心与沟通能力的重要性。例如,在讲解医患沟通这一部分时,可以引入一些因为缺乏同理心或沟通能力导致医患关系紧张的案例,让学生认识到同理心与沟通能力在公共卫生与预防医学领域中的重要性。

5. 全球视野

全球视野是指在看待和分析问题时,具备国际化的视角和全球性的思考方式。随着全球化进程的加速,公共卫生问题已经超越国界,成为全球性的挑战。公共卫生与预防医学的从业人员需要具备全球视野和国际意识,关注全球范围内的卫生问题,积极参与国际合作和交流。在公共卫生与预防医学的课程教学过程中,教师可以结合具体案例和知识点,引导学生了解全球范围内的公共卫生现状和发展趋势,关注重大公共卫生事件,熟悉国际公共卫生合作和交流的规则、方法,培养学生的全球视野和国际意识。全球视野体现在以下几个方面。

(1) 了解全球卫生状况。

具备全球视野首先要求了解全球卫生状况,包括不同国家和地区的卫生水平和问题,以及全球卫生领域的发展趋势。公共卫生与预防医学专业的学生应该了解全球卫生状况,掌握全球卫生问题的基本信息和发展趋势。教师在课程教学内容中,可以引入全球疫苗接种状况、传染病跨国传播等案例,让学生了解全球卫生领域的现状和发展趋势。

(2) 关注跨国卫生问题。

全球视野要求关注跨国卫生问题,如传染病跨国传播、烟草控制等。公共卫生与预防医学专业的学生应该关注这些跨国卫生问题,并了解如何在国际合作中发挥自己的作用。教师在课程教学内容中,可以引入跨国传染病防控、国际卫生合作等案例,让学生了解跨国卫生问题的现状和应对策略。

(3) 具备多元文化意识。

具备多元文化意识是全球视野的重要体现之一。公共卫生与预防医学专业的学生应该了解不同文化背景下的卫生问题和需求,并尊重不同文化的差异。教师在课程教学中,可以引入多元文化背景下的健康观念、沟通技巧等案例,让学生了解多元文化意识在公共卫生与预防医学领域中的重要性。

(4) 具备国际合作能力。

具备国际合作能力是全球视野的重要体现之一。公共卫生与预防医学专业的学生应该了解国际卫生合作的基本原则和方法,并具备在国际合作中发挥自己作用的能力。教师在课程教学内容中,可以引入国际卫生合作项目的设计和实施、国际卫生政策分析等案例,让学生了解国际合作能力在公共卫生与预防医学领域中的重要性。

四、专业课程思政教学方法

公共卫生与预防医学在维护和促进人类健康方面发挥着至关重要的作用。在这个领域,从业人员的职业道德和人文关怀对于提高医疗服务质量、促进社会公正和保障公众健康具有重要意义。因此,将思政元素融入公共卫生与预防医学专业课程中,不仅可以帮助学生掌握专业知识和技能,还能培养他们良好的道德品质和职业操守。通过课堂讲授、小组讨论、实地观摩与实习，以及社会实践与志愿服务等多种教学方法，教师可以引导学生深入探讨专业领域内的道德和伦理问题，培养他们的社会责任感和公益精神，为未来的公共卫生与预防医学领域培养更多优秀的人才。

1. 启航课堂：杰出典范，医学风范传承

课堂讲授是传递知识最直接的方式，也是引导学生接触新知识、理解复杂概念的基础途径。与单纯传授专业知识的传统课堂不同，课程思政教学应结合不同课程特点、思维方法，确定每节课的思政教学目标，同时梳理清楚教学内容与学生已有知识体系、生活经验及社会现实之间的联系，激发学生学习兴趣，实现价值理念的有机融入。课堂讲授应努力使课堂更有亲和力、气氛更活跃，实时注意来自学生的反馈，实现高效的师生互动，避免"满堂灌"。教师在讲授中应坚持价值性和知识性的统一，在帮助学生掌握知识的同时，实现价值观的引导。在公共卫生与预防医学的专业课程中，教师可以通过课堂讲授来深入探讨专业知识，培养学生的学习兴趣，激发学生的学习动机。

（1）行业楷模引领风向，学习行业典范的价值观。

教师可以在课堂上分享公共卫生领域中的杰出人物，引导学生理解并学习其行为和态度。比如介绍一些在公共卫生领域具有杰出贡献和良好职业道德的优秀人物（如钟南山院士和李兰娟院士等公共卫生领域的杰出工作者和研究人员），引导学生了解杰出人物的事迹，包括其职业生涯、专业成就、敬业精神和职业道德等方面的内容。学生也可以通过阅读相关文献、观看视频、听取讲座等方式进行学习，探讨杰出人物的行为和态度，分析其具有哪些值得学习的品质和特点。例如，他们是如何处理公共卫生事件的？他们是如何与他人合作和沟通的？他们是如何平衡工作和生活的？教师引导学生模仿杰出人物的行为和态度，并在学习和生活中实践这些优良品质；定期组织学生进行反思和总结，分享在模仿和实践过程中的体会和收获。学生通过互相学习和交流，不断完善自己的行为和态度。

（2）关注国际卫生挑战，了解应急响应实例。

教师在教学中引入具有一定代表性和启发性的案例，强调理论与实践的联系，吸引学生主动参与课程学习，引导学生灵活运用课本基础理论知识分析和解决实际问题，培养学生关心国内外时事政治、关注社会热点。在案例教学法的实际操作中，蕴含思政元素的案例选取至关重要。案例的选取要结合党和国家的大政方针、社会热点、国际大事。教师应着力提高自身理论素养,判断案例的合理性及其与课程思政的结合度,并通过持续迭代更新优化教学效果;通过引入具体案例,引导学生了解国家需要解决的卫生问题和存在的危机,展示公共卫生与预防医学专业人才在国家卫生事业中的重要性和影响力。例如,在讲解公共卫生应急响应这一部分时,可以引入一些关于公共卫生工作者在应对突发事件中如何秉持尊重生命价值、家国情怀等思政元素的案例。

2. 集思广益:医学智慧,深悟职业担当

被动的信息传递并不是有效的学习方式。从大讲堂单向传递信息向小组互动式学习转变,这对于高质量的学习至关重要。最佳的学习仅靠互动本身是不够的,它需要学生和教师在互动过程中共同深入探究概念及想法。在开展课程思政教学过程中,除了对学生加强学习目的性教育外,还倡导教师采用启发式教学,在整个教学过程中扮演组织者、指导者、帮助者和促进者的角色。通过设置小组讨论等相互合作、相互学习的环节,可以让学生在学习的过程中阐述自己的观点、倾听别人的表述与批评,从而启发创新思考,培养学生批判性思维。

(1)专业情境模拟,医学伦理借镜。

创建一个相互尊重和安全的学习氛围对于互动式学习有效性的提升大有益处。只有教师和学生都理解自己需要批判性地看待他人想法,并鼓励批判性探索观点,不会因为自己与他人观点不同而被他人嘲笑,才能获得更有效的思政教学效果。在医学领域,医患间的尊重意识和师生间的批判性思维更为重要。教师可以安排学生进行角色扮演,模拟真实的工作场景,让学生在交流中共同思考和解决问题,加深对思政知识的理解与运用。例如,在讲解医患沟通这一部分时,可以安排学生分别扮演医生和患者,体验双方的沟通感受,理解医患沟通的重要性。

(2)医学专题研讨,深度解读内涵。

专题研讨的方法可增加与学生在课堂上的互动环节,集中学生注意力,活跃课堂气氛,激发学生自学获取知识的动力。例如,增加学生展示与演讲环节,布置与课程知识点最新发展动态相关的网络资料搜集与整理任务,要求学生利用课后时间上网检索文献与资料,用读书报告的形式叙述各自掌握的新知识与新理论,并在课堂上进行展示与演讲。这既可以提高学生归纳总结及口头汇报、演讲的能力,又可以激发学生获取知识与运用知识的兴趣和动力,激励学生刻苦学习、不断创新。教师可以引导学生对公共卫生领域的热点问题进行专题研讨,如公平分配医疗资源的伦理问题、大数据在公共卫生中的应用与隐私保护等,使专业课在传播专业知识的同时,成为社会主义核心价值观、科学精神教育的教学载体,从而提升学生思想政治素质和观察分析社会现象的能力。

3. 实践真知:医学技能与社会责任的交融

公共卫生与预防医学的专业实践技能涉及公共卫生方面的很多领域,比如水、空气等环境卫生,食品安全,职业卫生,医院感染控制等,这些都与民众的生活息息相关。以专业技能的培养为主线,巧妙融入以爱国主义为核心的民族精神,并引导学生关注国家相关政策和社会热点,有助于激发学生的思想共鸣,使其更深刻地意识到掌握操作技能背后的意义与责任,从而培养学生的专业认同感、时代使命感和社会责任感。实地观摩与实习能够让学生直观地了解到公共卫生与预防医学领域的工作现状和要求,充分发挥"第二课堂"的育人优势,让学生走出校门、走进社会、走入生活,并关注现实,激发学生的学习内驱力,培养学生良好的职业素养,实现知行合一。

(1)实地参观——医学伦理与职业道德之旅。

实地参观医疗工作场所比课堂说教更能推动学生的学习。随着医疗变得越来越复杂,医疗机构及其所有医护人员都需要继续学习。要跟上发展的步伐,就必须在实践中学习,这使在工作中学习成为医疗卫生系统的基本要求。在医疗工作环境中,团队共同承担照护患者的责任,要让医学生和初级医生为未来角色做好准备。安排学生参观公共卫生机构和预防医学机构,观察工作人员的工作状态,了解他们如何秉持职业道德为公众的健康服务。例如,可以参观当地的疾控中心、社区卫生服务中心等机构,充分利用实践思政资源,让学生亲身感受真实的健康服务行业状态。

(2)实习体验——医学生的身体力行。

在实际工作场所中,学生主要通过参与患者的照护来学习。医疗卫生保健专业人员与其他专业人员组成团队,为患者及其家属提供服务。在此过程中,他们根据具体的(往往是独特的)情况来加强或调整其工作方式。通过参与患者照护,医学生和初级医生开始发展自己作为医生的身份,为今后的职业生涯积累经验。学校可以安排学生进入公共卫生与预防医学领域的相关机构进行实习,通过亲身参与工作,深入理解和体验实践的重要性。例如,安排学生进入医院、社区卫生服务中心、疾控中心等进行实习,激发学生在实践中踔厉奋发、笃行不怠,提供彰显青春奋斗色彩与思想锋芒的平台并挖掘优秀学子。

4. 奉献社会:践行公共卫生使命

社会实践与志愿服务是学生了解社会、接触社会的重要途径,也是培养他们社会责任感和公益精神的重要方式。这不仅有助于学生今后在公共卫生与预防医学领域的发展,更为重要的是,有助于学生以实际行动履行公共卫生的使命,为人民群众的健康与福祉贡献力量。在思政教学中,受教育者只有经过实践的检验和理性的反思才能真正将所受教育内化于认知结构,改变自身思维方式,从而达到思想政治教育的最终目的。因此,课程思政要从课堂实践教学环节和社会实践活动两方面保障学生充足的实践机会,帮助学生将学到的本领运用到实际工作中去。

(1)社会调查,洞悉真相。

大学生社会调查是典型的以研究性活动为载体的学生思想政治教育形式。将社会实践与专业知识紧紧结合,学生在专业知识的指导下,有计划、有组织地参与社会调查,深入乡村,发现当代乡村医疗发展亟待解决的问题,并依靠学校学科优势,"真题真做",从而认识、了解并服务于社会,为医疗事业振兴贡献青春力量,为实现伟大中国梦书写华彩篇章,在实践中实现价值观引领和塑造。教师可以安排学生就公共卫生相关的议题进行社会调查,如研究居民健康状况、慢性病防控等。通过深入调查,学生可以更加了解社会问题及其产生的原因,培养社会责任感和公益精神。同时,学生可以运用所学的专业知识和技能,为解决这些问题提供科学依据和建议。

(2)志愿服务,爱心传递。

在课堂中,学校要探索混合教学模式,积极推广实践教学环节,保证实践教学占据一定的学分,让学生参与到课程资源的建设中,激发内源性的学习动力;在课余活动中,学校要重视社会群体在提供实践资源方面的重要作用,通过与社会群体合作建立实践项目、实践教学基地,帮助学生在理论与实践的交互学习中不断提高专业技能和思想认识,同时助推高校所培养的人才在实践中真正回馈社会。学校要鼓励学生积极参与公共卫生与预防医学领域的志愿服务活动,如健康宣传、义务献血等。这些活动不仅可以让学生了解到公益精神的重要性,还可以培养社会责任感和奉献精神。通过亲身参与和付出,学生可以更加深刻地理解公共卫生与预防医学领域的重要性和挑战,激发对社会关爱和奉献的热情。

五、专业课程思政教学效果评价

教学评价是各学科、专业教学体系的重要组成部分,是依据教学目标对教学过程及结果进行价值判断并为教学决策服务的活动。专业课程思政教学质量评价体系是主要面向态度、知识和技能展开,坚持以产出为导向、以学生为中心、以持续改进为目标,注重定性与定量相结合、短期与长期相结合的原则,聚焦学生学习成果,对学生的认知与实践能力、情感态度,以及价值观成长开展的增值性评价。构建课程思政教学效果评价指标体系需要综合考虑多个方面,包括学生主体地位、教师同行和社会各方的参与度、思政元素与专业知识的融合程度、学生的参与度和反馈、教师的引导和自我提升,以及社会的认可度等。此外,还需针对不同的教学目标确定相应的评价内容,具体如下。

①专业知识与技能掌握情况:通过课程考核、实践操作等方式,判断学生是否掌握了专业知识和技能,是否能够运用所学知识解决实际问题。

②情感态度与价值观培育情况:通过观察学生在课程思政教学中的表现、听取学生对课程思政教学的反馈、进行情感态度与价值观方面的问卷调查等方式,判断课程思政教学是否对学生的情感态度与价值观产生了积极的影响。

③学生满意度:通过问卷调查、学生座谈等方式,了解学生对课程思政教学内容、教学方法、考核手段等方面的满意度,以便改进教学。

④行业认可度:通过与行业合作、实习反馈等方式,了解课程思政教学是否得到了行业的认可,是否能够满足国家、社会、行业对专业人才的需求。

⑤教学记录与反馈机制:通过检查教学记录、听取学生和教师的反馈意见等方式,了解课程思政教学是否形成了完整的教学记录和反馈机制,以便持续改进教学。

公共卫生与预防医学专业课程思政教学评价体系如表12-2所示。

表 12-2　公共卫生与预防医学专业课程思政教学评价体系

教学目标	评价标准
树立正确的价值观和职业操守	1. 深入学习马克思主义理论,掌握科学的世界观和方法论,培养高尚的道德品质; 2. 了解国家公共卫生政策,熟悉相关的法律法规,强化法治意识; 3. 掌握社会调查、心理学、统计学等学科的基本知识,提高分析问题和解决问题的能力; 4. 具有求真务实、勤奋敬业的精神,树立全心全意为人民服务的思想
强化基本理论和技能训练	1. 掌握公共卫生与预防医学的基本概念、原理和方法,熟悉相关的医学知识; 2. 了解常见疾病的预防和控制方法,掌握相关的流行病学、统计学等知识; 3. 熟悉公共卫生政策、法律法规以及相关的管理知识,提高在实际工作中运用法律的能力; 4. 具有良好的沟通能力和团队协作精神,能够有效地与医护人员、患者及其家属进行沟通
提升全球公共卫生意识	1. 了解全球范围内的公共卫生现状和发展趋势,关注重大公共卫生事件; 2. 熟悉国际公共卫生合作和交流的规则和方法,提高跨文化交流的能力; 3. 学习世界各地优秀的公共卫生实践案例,了解其在解决全球性公共卫生问题中的作用和贡献; 4. 具有对人类健康事业的深厚感情和责任感,关注弱势群体的健康权益
培养创新精神和创业意识	1. 学习创新理论和方法,了解如何将新技术、新方法应用到公共卫生领域; 2. 具有批判性思维和创新精神,能在实践中发现问题、提出解决方案
培养公共卫生应急能力	1. 了解应急预案的制定和实施方法,熟悉应急处置流程; 2. 掌握应对突发事件的常用技术与方法,如疫情监测、风险评估等; 3. 具有冷静、果断、高效应对突发事件的能力; 4. 具有组织协调能力、沟通能力和团队合作精神,确保在紧急情况下能够快速响应并有效处置
加强人文关怀,提高心理疏导能力	1. 具有较高文化素养和跨文化交流能力,尊重不同文化和价值观; 2. 具有同理心和关爱他人的意识,关注患者的情感和心理需求; 3. 掌握心理疏导技巧和方法,能够有效地缓解工作压力和应对突发事件带来的心理挑战; 4. 具有沟通能力和人际交往能力,能建立良好的医患关系,提高患者满意度

续表

教学目标	评价标准
培养公共卫生伦理素质	1.了解公共卫生伦理的基本原则和规范,如尊重、保护个人隐私等; 2.掌握公共卫生伦理决策的过程和方法,如利益冲突管理、伦理审查等; 3.具有伦理敏感性和伦理判断力,能够在实践中做出符合伦理原则的决策; 4.具有道德素养和职业操守,能遵守公共卫生伦理规范,为人民群众的健康权益保驾护航
增强团队合作和领导能力	1.掌握团队合作的基本知识和技巧,如沟通协调技巧等; 2.具备领导能力和团队管理能力,能够在团队中发挥积极作用; 3.具备团队协作精神和集体荣誉感,能为团队的成功贡献力量; 4.具备公共关系能力和危机处理能力,能够有效地应对各种突发事件
强化实践能力和社会责任感	1.具备实践能力,能够通过实践掌握公共卫生与预防医学的基本理论和实践技能; 2.具有社会责任感和使命感,关注社会问题和公共卫生需求
培养终身学习和自我发展能力	1.具有自主学习能力和自我管理能力,能够主动获取知识和技能; 2.具有批判性思维和解决问题的能力,能够独立思考和解决问题; 3.具有创新思维和创业能力,能够在实践中不断探索和创新; 4.具有自我评估和反思能力,能够及时发现不足并采取改进措施

第十三章
药学专业课程思政教学指南

一、专业特色

面向国家重大需求和人民生命健康,结合临床药学研究和应用的特点,通过系统的学习和实践,药学专业的学生可以掌握多学科的专业知识和技能。药学专业旨在培养"懂医精药"的高层次、创新型药学专业人才:具有人文、信息、计算机和药学、医学、化学、生命科学等多学科扎实的专业基础理论知识;具有家国情怀、世界胸怀、国际视野和突出的创新思维能力、熟练的实验技能;具备从事科学研究、高等教育、管理工作,从事以患者为中心、以合理用药为核心的药学服务工作,从事药物研究与开发、药品生产、药品质量检验、药品流通、药品合理使用以及药品管理工作的能力。

在药学专业的教学中,课程设置包括分析化学、药学分子生物学、药物化学、药物分析学、药理学等。学生除了专业基础理论知识的学习外,还需要接受实验技能和思维能力的训练;通过实验和实践,掌握各种实验技能和方法,了解药物的作用机制和不良反应,提高对药物治疗的认识和理解。同时,通过思维能力的训练,学生可以培养创新意识和能力,独立思考和解决问题。药学专业的毕业生具备从事科学研究、高等教育、管理工作的能力,他们可以在科研机构、高等院校、制药企业、医院和药品监管机构等工作。在药学服务工作中,药师需要与医生、护士等医护人员密切合作,共同为患者提供全面的医疗服务,因此,药学专业的学生还需要具备沟通协调能力和团队合作精神。

二、专业课程思政教学目标

"药"与"毒"只有一步之遥,患者的生命和健康、社会公共利益与药学人才、药学专业建设密切相关。思政课程、课程思政必须同向同行,二者必不可少。对于药学专业来说,课程思政教学目标主要包括以下方面。

1. 课程思政融入人才培养体系

课程思政融入人才培养体系的目标是培养具有社会责任感和职业道德、具有创新精神和实践能力、具有国际视野和跨文化交流能力的药学人才。药学专业的学生在学习过程中,应当意识到自己所从事的是一项关乎人类健康和生命的事业。他们应当具备高度的职业道德和责任感,注重药物的安全性和有效性,尊重患者的权益,积极参与公共卫生事业,为人类健康做出贡献。

2. 课程思政融入专业课堂教学

在课堂教学中着重强调药物研发到使用全过程应遵守的准则,培养学生"以患者为本,以健康为本"的服务理念和态度,做到树立正确的医学伦理观念,树立法制观念,遵守行业道德,在职业活动中坚持原则,敢于维护人民健康利益。

3. 课程思政融入教学质量评价

建立完善的课程思政评价体系,对课程思政的实施效果进行评估。通过评价结果,了解学生对课程思政的掌握程度及教学过程中的课程思政建设存在的问题,及时调整和改进课程思政的教学方法和内容,提高教学质量。将课程思政建设结果纳入考核评估中,激发教师和学生的积极性和创造力。

三、专业课程教学内容及思政元素

社会主义核心价值观、科学家精神、文化自信与家国情怀等均为药学专业课程常见思政元素,以"药理学""化学生物学概论""天然药物前沿概论"等课程举例说明专业课程教学内容与思政元素的融合。

1. 社会主义核心价值观

社会主义核心价值观是药学专业课程思政教学内容的重要组成部分,在药物作用的选择性和两重性、影响药效的主要因素、药物安全性评价基本指标等教学内容中均可体现。教师在教学中可将国家药品监督管理局（简称国家药监局）或人民网等权威网站公布的与药物相关的通报或新闻改写成专题教学案例，把专业知识、价值观等融入案例，用案例讲清专业理论，同时赢得学生的价值认同。例如，依据国家药监局 2018 年公布的 9 家企业生产的 17 批次药品不符合规定名单及此次抽检不合格的原因主要是二氧化硫残留量不符合规定，有效成分含量不足的报道，设计相应的教学案例，在讲授药效学基础知识、基本原理的同时，围绕加强监管，推动药企建立诚信系统并积极严格履行社会责任，体现社会主义核心价值观等方面促进学生思考，审视制药人的责任意识，真正做到习近平总书记强调的"每家制药企业都必须认真履行社会责任，使每一种药、每一粒药都安全、可靠、放心"。

2. 科学家精神

科学家精神是药学专业学生需要具备的重要能力素养，教师可以 2015 年我国科学家屠呦呦获诺贝尔生理学或医学奖为例，设计相应的教学案例；在讲授"信号转导的化学调控"中的天然小分子的化学生物学部分时，可融入青蒿素发现的案例，促进学生学习科学家为科学献身的科学家精神、崇高的品德和实事求是的工作态度。教学案例的引入可促进学生思考如何建立、强化多学科交叉融合的科学素养、创新意识，为药物的研发、生产及质控等做出自己的贡献。

3. 文化自信

药学专业课程思政教学可从中医药辉煌历史和优秀文化的角度出发，树立学生的民族自豪感和文化自信；从我国类器官芯片、化学生物学和合成生物学等前沿学科和技术发展的角度出发，让学生充分体会多学科交叉和创新的重要性，培养学生的创新意识；从我国海洋生物的多样性及海洋蕴藏的资源价值的角度出发，教育学生必须捍卫祖国的每一寸土地；从我国药物科学发展的角度出发，特别是近 20 年来化学生物学和合成生物学等前沿学科的发展，培养学生对中国特色社会主义制度的认同感。

四、专业课程思政教学方法

药学专业课程思政教学方法主要包括案例分析、专题讲座、研讨会或课堂讨论、实践教学、个案辅导和课外阅读等。

1. 案例分析

教师可以选择一些真实的案例,例如涉及药品临床试验中的伦理问题、医患关系中的道德问题等的案例,引导学生进行深入讨论和思考。通过分析案例,学生可以更直观地了解到药学专业中伦理道德问题的现实情况,从而引发他们对人生观、价值观、世界观等问题的深入思考。

2. 专题讲座

邀请药学专业领域的专家学者或从业人员来进行专题讲座,介绍药学专业中的课程思政相关议题。通过专家的讲解和分享,学生可以更系统地了解到药学专业中的课程思政元素,同时也可以与专家进行互动交流,进一步拓展自己的思维和见解。

3. 研讨会/课堂讨论

教师可组织学生参与一些研讨会,或在课堂上引导学生进行讨论,让学生就药学领域中的思政相关问题(伦理、道德等)展开讨论。通过课堂讨论的形式,学生可以在小组内进行深入交流和讨论,从而更好地思考和理解药学专业中课程思政元素的价值,树立正确的人生观、价值观。

4. 实践教学

通过实践教学,学生可亲身体验并思考药学专业中的课程思政元素。例如,通过临床实习或药品研发实践活动,学生可以直接参与到药学领域的实际工作中,从而更深刻地感受到伦理、道德在药学专业学习中的重要性,并进行思考。

5. 个案辅导

对于个别学生存在的课程思政元素相关疑问或者个人价值观、人生观、世界观问题,可以进行个案辅导,引导学生进行思考。通过个案辅导,学生可以更加深入地了解自己的不足,从而进行自我调整和提升。

6. 课外阅读

教师可推荐一些与药学专业课程思政元素相关的书籍或文章,让学生进行阅读和思考。通过阅读相关书籍或文章,学生可以了解到更多的课程思政理论和案例,从而拓展自己的思维和视野。

7. 教学方法运用案例

①"药物化学""药理学"的课程思政教学方法设计如下。

课程思政目标:培养实证思维和科学精神。

教学方法:实验教学、案例分析、学术讲座等。

实验教学:通过实验设计和数据分析,培养学生科学的实证思维,让学生亲自参与实验并掌握科学研究的基本技能。

案例分析:引导学生分析和讨论药物化学与药理学领域的经典案例,培养学生的分析能力和科学思维,加深对科学研究的理解和认识。

学术讲座:邀请专家学者进行学术讲座,分享最新的药物化学与药理学研究成果,激发学生的科学兴趣,培养学生的科学精神和追求真理的精神。

②"药物伦理学与实践"的课程思政教学方法设计如下。

课程思政目标:培养职业操守和职业道德。

教学方法:案例分析、实践教学、课堂讨论等。

案例分析:引导学生分析和讨论药物伦理学与实践中的道德困境和冲突,培养学生的道德判断和决策能力,使其在实际工作中能够正确处理职业道德问题。

实践教学:组织学生参与临床实习和社会实践,让学生亲身感受职业操守和职业道德的重要性,培养学生的责任心,强化对患者权益的尊重意识。

课堂讨论:组织学生进行道德讨论,探讨药物伦理和职业道德的相关问题,引导学生形成正确的职业操守和道德观念。

五、专业课程思政教学效果评价

药学专业课程思政教学效果评价主要采用定性与定量、过程与结果相结合的方式进行综合评价。具体评价标准如下。

1. 课程思政融入人才培养体系

学生能够准确理解药学专业对人才的要求和期望,包括知识、技能和素质等方面;学生能够积极参与专业实践活动,拓宽视野,提升药学专业素养。

①学生对药学专业的思想政治理论知识掌握情况:通过考试或测验,达到一定分数算及格,如达到80分以上。

②学生对药学专业的思想政治理论知识应用情况:通过课堂讨论、作业、实践项目等方式,展现对思想政治理论知识的应用能力,如能够将理论知识运用到具体的药学案例中分析和解决问题。

③学生表现出的创新精神和团队合作能力情况:通过课程设计、实验报告、团队合作项目等方式,展现出创新意识和团队合作能力,如能够在团队合作项目中提出创新性的解决方案并有效地与团队成员合作完成任务。

2. 课程思政融入专业课堂教学

专业课程内容与思想政治教学目标紧密结合,使学生能够从专业知识的学习中获得思想上的启迪与引导;教师能够采用多种教学方法,激发学生的思考和参与课堂讨论的热情,培养思辨能力。

①学生对思想政治理论知识的理解和掌握:通过课堂讨论、小测验、期中期末考试等方式,评估学生对中国特色社会主义理论体系、党的路线方针政策等思想政治理论知识的掌握情况。

②学生的社会责任意识和职业道德水平:通过课堂讨论、个人或小组报告、实践项目等方式,评估学生对社会责任和职业道德的认识和实践能力,包括对患者权益的保护、药品安全和合理使用等方面。

③学生对国家政策法规和行业发展趋势的了解和把握:通过课堂讨论、个人或小组报告、实践项目等方式,评估学生对国家政策法规和药学行业发展趋势的了解和把握情况,包括对药品监管政策、行业发展趋势等方面的认知水平。

3. 课程思政融入教学质量评价

能够建立有效的课程思政评价体系,包括作业、考试、讨论、小组项目等多种形式。例如:通过学术论文、学科竞赛、专业实践等方式,评估教师及学生对中国特色社会主义理论体系、党的路线方针政策等思想政治理论知识的深入理解和将其运用到解决药学专业实际问题中的能力。

第十四章
护理学专业课程思政教学指南

一、专业特色

护理学专业适应健康中国建设规划,以多学科理论为基础,将理论与临床实践同步进行,学科发展前景广阔。护理学专业课程设置包括系统解剖学、护理学基础、护理教育学、急救护理学、护理科研等,旨在培养掌握从事护理实践工作所要求的医学基础理论、护理基本知识和基本技能,具备良好的思想道德和职业态度,能够在上级护师指导下从事安全有效的护理实践,能够进行终身学习和在护理学专业领域内进一步深造,能够参与世界护理学科专业发展的高层次、国际化护理人才的初级护师。

二、专业课程思政教学目标

1. 强化学生社会主义核心价值观的建设

教师要引导学生理解社会主义核心价值观在护理领域的具体体现和要求,如"公正"意味着对患者一视同仁,不歧视任何群体;"友善"表现为对患者的关心和尊重。通过实践和学习,学生要理解社会主义核心价值观在护理工作中的重要性,如全心全意为人民健康服务、尊重患者权益等。教师要培养学生的公民意识,使其能够将社会主义核心价值观与个人职业发展相结合,积极投身于维护和促进社会健康的事业中。

2. 培养学生高尚的职业道德和职业情感

教师要引导学生理解职业道德和职业情感在护理工作中的重要性,如诚实、守信、勤勉、尽责等。通过模拟练习和实践，学生能够体验并认识到良好的职业道德和职业情感在提供高质量护理服务中的关键作用。教师要培养学生的爱心、细心、耐心和关怀之心，使其能够以患者为中心，全心全意为患者服务。

3. 培养学生爱伤意识和注重人文关怀实践

教师要引导学生理解同情心和同理心在护理工作中的重要性，使其能够关注患者的情感需求和心理变化。通过角色扮演、小组讨论等方式，学生能够学习并掌握有效的沟通技巧，提高人际交往能力。结合实际案例，让学生能够将人文关怀理念融入护理实践中，能为患者提供更加个性化的护理服务。

4. 培养学生时刻遵守规范的慎独精神

通过实际操作和案例分析，教师要引导学生理解医疗伦理和职业道德规范在护理工作中的重要性；通过模拟练习和实践，引导学生体验并认识到无论有无他人监督，都要始终坚持遵守规范。教师要培养学生的自我约束和自律精神，使其能够以良好的职业形象和信誉维护医疗行业的声誉和患者的权益。

三、专业课程教学内容及思政元素

社会主义核心价值观、文化自信、人文关怀等均为护理学专业常见的思政元素，以"护理学基础""中医护理学""老年护理学""内科护理学"等课程举例说明专业课程教学内容与思政元素的融合。

1. "护理学基础"课程与社会主义核心价值观的融合

"护理学基础"课程是临床护理学和各专科护理学的基础课程，它为培养学生的护理职业素质、专业价值观奠定了基础。将"护理学基础"课程与思政育人相结合，深化理实一体化教学模式，紧密结合知识技能教学与思政教学，使学生既掌握护理学专业必备的基本理论、基本知识和技能，又具有良好的护理职业道德、人文素养和现代护理理念。

在结合教学开展过程中，教师可以带领学生回顾中国护理学发展史。通过历程回顾，呈现护理学专业的成就和对国民健康的正面影响，引导学生建立对专业的认同感，激励学生为全生命周期的健康照护做出贡献。同时教师要特别注意培养学生的南丁格尔精神，用爱心、耐心、细心和责任心去好好对待照顾每一位患者。南丁格尔精神的精髓就在于奉献,无私奉献自己的爱心,就像蜡烛一样,燃烧自己照亮别人。

2. "中医护理学"课程与文化自信的融合

"中医护理学"课程思政教学目标为强化学生社会主义核心价值观,树立"第四个自信"——文化自信;强化学生"大医精诚"的医德培养,培养学生的人文精神,使其践行护理的本质——关怀;使学生理解中医思维的整体与辨证,发现中医之美、和谐之美、整体之美。教师要师德为先,以身作则,投身大健康建设,进而引领学生参与社会实践,促使其形成使命感。

3. "老年护理学"课程与面向国家战略需求的融合

"老年护理学"课程开展顺应了当前中国乃至全球的老龄化发展趋势。老龄问题是当前的热点、难点问题,结合国家发布的一系列关于老龄问题的政策和措施,教师可引导学生了解我国老龄化程度、特点和应对策略,引导学生思考国家出台的养老政策等,提出自己的见解和意见。

4. "内科护理学"课程与人文关怀的融合

"内科护理学"课程的教学内容融入了大量人文关怀理论,教师在教学前应熟知人文关怀理论,具有关怀的意识,理解人文关怀在护理学专业及护理教学中的重要性。教师应准备人文关怀教学的相关内容,讲授人文关怀的要点,分享人文关怀的故事,激发学生人文关怀的意愿和动力。教师应尊重学生,适时关怀学生。

四、专业课程思政教学方法

护理学专业课程思政教学方法主要通过教案改革、教材改革、教学方法改革和实验课改革等实现。

1. 教案改革

教师可将原有侧重于知识目标和技能目标的传统教案改为思政型教案,加强对学生情感目标的要求,注重对学生护理职业素养的培养。

2. 教材改革

在教学过程中,教师可引入真实病案、伦理问题、医患纠纷等内容,鼓励学生认真思考分析,在潜移默化中灌输敬业精神、奉献精神、爱伤观念。除传统教材外,可整合南丁格尔奖获奖者等先进事迹,作为思政育人素材,提高学生的护理职业素养。

3. 教学方法改革

职业素养理论教学方面,教师可结合理论授课中所需学习的知识点引入相关临床案例。例如,在讲药物治疗部分时,引入真实的临床差错案例,如未做皮试就进行青霉素静脉输液而导致患者青霉素过敏死亡,引起学生思考,使学生从中吸取经验教训,严格遵守"三查七对"制度,养成慎独的护士职业道德。

4. 实验课改革

教师在教学生实验操作技能的同时要注重对其护理职业素养的培养及考核,在操作评价指标的设计上增加护理职业素质评分内容和相应权重,使学生在实验中培养良好的职业道德、人文关怀和沟通能力。

5. 教学方法运用案例

教学方法运用案例——"儿科护理学"。

(1)思政教育融入专业课堂"主阵地"。

专业课教师联合学工教师选择课程内容中的思政映射点,共同确定与专业知识的融入路径和方法,建立课程思政案例库,润物无声地融入思政教育。

部分课程知识中的思政映射点如表 14-1 所示。

表 14-1 部分课程知识中的思政映射点

课程知识	思政映射与融入方法
儿科护理原则与要求	引入医护人员悉心照护患儿的案例,提高学生职业自豪感,体会儿科护士素质要求
年龄分期及儿科特点	讨论"儿童不是成人缩小版"蕴含的哲学观点,帮助学生理解年龄分期方法,培养学生的辩证思维方式,提高社会适应能力
生长发育规律和判断	举例分析生长发育指标变化,说明改革开放的伟大成就,强化儿童生长发育规律的同时,宣传中国特色社会主义制度
儿童保健	讨论儿童保健制度及手足口病疫苗自主研发,帮助理解儿童保健措施的同时,增强学生的民族自豪感和制度自信心

续表

课程知识	思政映射与融入方法
液体疗法	分析氯化钾静推事件,帮助学生掌握氯化钾使用注意事项,培养学生的责任心、细心等职业素养及突发状况处理能力
上感发热的护理	分析"当儿科医生的孩子发热"案例,强化发热患儿的护理知识,培养学生的独立思考、交流沟通能力
儿童肥胖评价	引入相关研究成果和前沿知识,培养学生的科研意识和兴趣
佝偻病和营养不良的护理评估	介绍"小萝卜头"宋振中烈士,帮助学生理解营养不良和佝偻病的病因及临床表现,引导学生不忘历史
儿童贫血判断和分度;重症患儿识别和护理	分析"一个急诊儿科的故事",培养学生的职业自豪感、责任心、沟通技巧、团队协作精神、社会责任感

(2)思政教育贯穿实践教学各环节。

将课程思政落实于实训室、临床医院、幼儿园及日常生活等场景,将具体要求列入每个实践教学项目,将学习态度、言行举止、组织纪律列入考核指标,发现问题及时联络学工老师,共同说服教育,引导学生形成正确的观念和行为方式。例如:实训室练习与临床见习融入思政教育。实训室模型练习及角色扮演增强动手能力和团队协作,临床实际病例评估和操作见习增强交流沟通能力,体验家长的心情,体会儿科护士素质要求,在新生儿ICU体会生命的脆弱与顽强,感受慎独精神的重要性。课程结束前对学生进行综合素质考核,多维评价思政教育效果,通过"训练—体会—考核"模式,在实践中不断提升学生儿科护理职业素养和综合能力。

(3)思政教育覆盖课堂内外全过程。

课堂内授课教师言传身教:教师佩戴党徽,充满自信与激情,对学生满怀关爱,对工作认真负责,对生活乐观向上,润物无声地引导学生积极主动地学习,开心快乐地生活。

课堂外学工教师关爱关注:邀请全国优秀辅导员、院系党政领导作为课程共建人,采取辅导员工作入课堂、课程育人到课外的方法,摸清学生对课程思政元素的兴奋点、困惑点和冷漠点,结合学生思想和需求开展教学,及时关注学生动态,确保课程思政效果。

五、专业课程思政教学效果评价

护理学专业课程思政教学效果评价主要从教学内容、教学方法、教学活动、教师、学生多方面进行综合评价。具体评价标准如下。

①教学内容符合社会主义核心价值观,与职业道德和职业情感相关,能够传递正确的价值观和职业操守。

②教学方法能够引起学生的兴趣和共鸣;能够引导学生积极参与,从而更好地接受和内化教学内容。

③教学活动有利于培养学生的社会主义核心价值观,包括注重培养学生的社会责任感、集体荣誉感、社会公德心等;学校教育管理有利于强化学生的社会主义核心价值观,包括注重营造积极向上的校园文化氛围、加强学生的思想政治教育等方面。

④教师自身的职业道德和职业情感高尚,能够成为学生的榜样,让学生感受到积极向上的力量。

⑤学生能够真正理解并认同教学内容所传达的职业道德和职业情感;有实践环节来巩固和加深学生对职业道德和职业情感的理解和体验,让学生在实践中感受职业道德和职业情感的重要性。

护理学专业课程思政教学效果评价体系如表 14-2 所示。

表 14-2 护理学专业课程思政教学效果评价体系

评价维度	评价内容	评价形式	指标
社会主义核心价值观的理解和认同度	学生是否能够准确阐述社会主义核心价值观的含义,是否能够积极践行社会主义核心价值观,如爱国、敬业、诚信、友善等	可以通过课堂讨论、小组分享、主题班会等形式进行观察和评估	1.学生准确阐述社会主义核心价值观的含义的次数; 2.学生积极践行社会主义核心价值观的行为表现; 3.学生参与课堂讨论、小组分享等的活跃度; 4.学生对于社会主义核心价值观相关话题的关注度和理解深度

续表

评价维度	评价内容	评价形式	指标
职业道德和职业情感的培养效果	学生是否具备高尚的职业道德和职业情感,如对患者负责、尊重患者、诚实守信、勤勉尽责等	可以通过观察学生在实习、实训中的表现,听取指导教师和患者反馈,进行综合评价	1.学生对患者负责、尊重患者的行为表现; 2.学生诚实守信、勤勉尽责的工作态度; 3.学生获得患者和指导教师好评的次数; 4.学生参与职业道德和职业情感相关活动的积极度
爱伤意识和人文关怀实践的能力	学生是否能够关注患者的情感需求,如与患者沟通时表达关心、倾听患者的诉求、为患者提供情感支持等	可以根据学生在与患者沟通、交流中的实际表现进行评估	1.学生与患者沟通时表达关心的次数; 2.学生倾听患者诉求的行为表现; 3.学生为患者提供情感支持的次数; 4.学生在实践活动中运用人文关怀理念的频率和质量
遵守规范的慎独精神的体现	学生是否能够时刻遵守规范,如严格遵守医疗伦理和职业道德规范,在独立工作时保持自律、谨慎的态度	可以观察学生在独立工作时的表现,了解其是否能够自觉遵守医疗护理规范和伦理要求	1.学生严格遵守医疗伦理和职业道德规范的行为表现; 2.学生在独立工作时保持自律、谨慎的态度; 3.学生自我评估对护理规范的遵守程度; 4.学生对错误和不足的自省和改进行为表现

第十五章
医学创新类专业课程思政教学指南

近年来,随着科技的不断进步和医学领域的不断发展,医学创新类专业逐渐成为热门领域。这些专业涵盖了医学信息工程、生物医学工程、生物医药数据科学、健康与医疗保障、智能医学工程等多个方向,具有鲜明的时代特征和交叉特性。此类专业是医信、医工、医理、医管、医文等的深度融合和创新。这些专业不仅拓展了传统医学的研究视野,也推动了医学的现代化进程,更在某种程度上引领了未来医学的发展方向。

一、专业特色

1. 跨学科交叉特性

医学创新类专业的一个显著特色是强调交叉学科的重要性。这些专业并不是独立的,而是由多个相关学科交叉融合而成的,注重不同学科之间的融合和交叉,将医学与信息科学、生物工程、数据科学、人工智能等多个领域相结合,形成了一系列具有创新性的研究方向。例如,医学信息工程是医学与信息科学的交叉融合,涉及医学、计算机科学、生物信息学等多个领域;生物医药数据科学是医科与工科的交叉融合。这种跨学科的特性使得这些专业能够从多角度、多层次研究医学问题,从而使这些专业的学生获得更加全面深入的理解。这种交叉学科的研究方式有助于解决单一学科难以解决的问题,推动医学领域的快速发展。

跨学科交叉这一特性也明确了医学创新类专业的重要目标在于培养创新型人才。这些专业注重培养学生的创新思维和创新能力,通过引入新的研究领域和方法,激发学生的创新潜力。这些专业也注重培养学生的团队协作能力和跨文化交流能力,鼓励学生进行科技创新,引导学生积极主动参与各项竞赛、大学生创新计划实验项目,以适应日益复杂的国际合作和交流环境。

培养创新型医学人才是未来医学发展的关键之一,创新型医学人才应具备扎实的医学知识功底、跨学科的视野和思维、自主学习和终身学习的意识及能力,要敢于突破常规、勇于探究未知领域、不断探索新的解决方案、不断提高自身的实践能力和应用能力,还要具备强烈的责任感和使命感、坚定的意志品质和过硬的心理素质,只有这样才能更好地适应未来医学发展的需要,从而为人类的健康事业做出更大的贡献。

2. 以现实问题为导向

医学创新类专业的研究内容紧密结合实际,以解决现实问题为目标。这些专业的研究方向涵盖了医学信息管理、医疗设备研发、生物医药数据处理、全球健康问题等多个方面。例如,医学信息工程的研究涉及医疗数据的管理、分析和利用,生物医学工程的研究涉及医疗器械的研发和改进,生物医药数据科学的研究涉及药物研发和临床试验的数据处理和分析等。这些研究旨在解决当前医学领域面临的现实问题,提高医疗服务的质量和效率,改善患者体验。

3. 注重实践和应用

医学创新类专业注重实践和应用,强调将理论知识转化为实际应用。这些专业的教学内容紧密结合实际,注重培养学生的实践能力和应用能力。这些专业的教学内容中,实践课程占有很大的比重,学生需要在实践中掌握相关技能和方法,将所学知识应用到实际工作中,以更好地解决实际问题。同时,这些专业的教师往往具有丰富的实践经验,能够引导学生将理论知识与实践相结合。

4. 方法技术智能化

医学创新类专业关注新技术和新方法的发展,将这些技术和方法引入医学领域的研究和应用中。例如,生物医学工程领域的研究涉及基因编辑、组织工程、生物材料等多个方面,这些新技术和方法为医学领域的发展提供了强有力的支持。这些专业也关注人工智能技术在医学领域的应用,如医学图像分析、疾病预测和个性化治疗等方面。同时,这些专业的教师往往具有较深的学术造诣和前瞻性眼光,能够引导学生关注并掌握最新的科研成果和技术进展。

5. 紧密结合公共利益和需求

医学创新类专业的研究方向紧密结合社会需求和公共利益。这些专业不仅关注医学领域的发展和创新,还关注社会问题和公共健康问题。例如,全球健康方向的研究涉及传染病的预防和控制、疫苗研发等多个方面,这些研究对于保障公共健康具有重要意义。同时,这些专业的教师往往具有强烈的社会责任感和公共意识,能够引导学生关注并解决社会问题和公共健康问题等。这些专业也关注医疗资源的分配和公平性问题,致力于推动医疗服务的普及和公平。其研究成果和服务往往直接应用于改善公众的健康状况和医疗条件,使其具有鲜明的社会性和公共性特征。

6. 强调国际化视野

医学创新类专业通常具有国际化的特色,强调国际化视野。其教师和学生往往需要具备跨文化交流和合作的能力以及国际视野和意识。例如,数据科学与大数据技术专业建设以国际同类一流标准专业为参照,探索国际同类一流标准专业建设与改革路径,在教学内容和方式上达到国际水平,并参与国际专业认证。同时,这些专业的研究成果和服务往往需要在国际舞台上得到认可和应用以实现其真正的价值和意义。因此国际化视野是培养具备国际竞争力医学人才的关键之一,也是推动医学领域国际交流与合作的重要基础之一。

综上所述,医学创新类专业具有鲜明的时代特征和交叉特性,强调交叉学科的重要性,以解决现实问题为目标,注重实践和应用,关注新技术和新方法的发展,致力于培养创新型人才,紧密结合社会需求和公共利益,并强调国际化视野等。这些专业以不同的方式结合了医学、工程、信息学、数据科学和人工智能等领域的知识,为医疗和健康领域的发展带来了新的机遇和挑战。通过跨学科的合作和创新,这些专业将推动医学的进步,并为人类的健康福祉做出贡献。

二、专业课程思政教学目标

医学创新类专业的课程思政教学目标应以习近平新时代中国特色社会主义思想为指导,坚持知识传授与价值引领相结合,运用可以培养学生理想信念、价值取向、政治信仰、社会责任的题材与内容,全面提高学生缘事析理、明辨是非的能力,让学生成为德才兼备、全面发展的人才。

医学创新类专业要深入发掘各类课程的思想政治教育资源,将知识、能力、价值塑造有效融合到每门课程当中,促进各门课程与思想政治理论课同向同行、协同育人,将思政教育融入课程教学全过程,实现课程思政全覆盖;建设一批学生真心喜爱、终身受益、毕生难忘的课程思政示范系列课程,打造一批课程思政示范专业,培养一批具有亲和力和影响力的课程思政教学名师和团队,提炼一系列可推广的课程思政教育教学改革典型经验和特色做法,形成一套科学有效的课程思政教育教学质量考核评价体系。

医学创新类专业要培养学生的综合素质,包括医学交叉学科的专业知识和技能、医学思想道德中的医学伦理与职业道德、人文素养与全球健康、创新精神和实践能力以及人工智能的医学应用等方面。这些专业涉及医学、信息科学、生物工程、数据科学、全球健康、人工智能等多个领域,旨在培养具备跨学科视野和能力的医学人才,以适应现代医学科学的发展和需求。

1. 培养交叉学科的综合能力

专业教学内容涉及多个学科领域,旨在让学生掌握相关的专业知识和技能。专业课程思政的教学目标之一是帮助学生掌握相关学科领域的基本理论和实践技能,包括医学信息工程、生物医学工程、生物医药数据科学、全球健康、智能医学工程等方面的知识和技能,促进跨学科综合发展,培养学生的跨学科综合能力。通过开设跨学科课程、项目合作等方式,专业课程思政教学促进不同学科领域的知识交流和融合,培养学生具备医学、工程、信息学、数据科学等多学科的综合素养和能力。同时,专业课程思政还应注重培养学生的实践能力和创新精神,让学生能够将所学知识应用到实际工作中,并不断探索新的解决方案。

2. 搭建多学科职业道德桥梁

专业课程思政教学应注重培养学生的思想道德素质,包括职业道德、医德医风、社会责任等方面,对于医学交叉创新学科,应做好医学与其他各学科职业道德的交叉和融合,传递医学交叉创新学科特有的思想和理念。专业课程思政教学要让学生认识到不同学科之间职业道德的神圣性和责任感,引导学生通过学习医学伦理、医患沟通、医疗安全等内容,树立正确的交叉医学道德观念,真正做到不同学科的交叉交流,培养尊重医疗数据隐私、注重人文服务的价值观和行为准则。

专业课程思政教学应注重培养学生对患者生命的敬畏和关爱之心,培养学生的医学伦理意识,使其树立正确的职业道德观念。课程思政教学要让学生了解患者的心理和生理需求,培养学生对患者的关爱和尊重。关注患者与服务社会目标的设立,使学生更加了解患者的需求和社会服务的重要性,从而更好地为患者和社会服务。

同时,专业课程思政还应注重培养学生的社会责任感和公共意识,让学生能够关注社会问题和公共健康问题,并积极参与社会公益事业;培养学生对祖国和人民的深厚感情,树立正确的世界观、人生观和价值观;引导学生通过学习国家的医疗政策、公共卫生知识等内容,关注社会发展问题,增强社会责任感,为国家和社会的发展贡献自己的力量。

3. 加强人文素养与全球健康理念

专业教学内容涉及多个学科领域,不仅需要学生掌握相关的专业知识和技能,还需要培养学生的人文素养。专业课程思政的教学目标之一是让学生了解相关学科领域的历史、文化和发展趋势,包括医学信息工程、生物医学工程、生物医药数据科学、全球健康、智能医学工程等方面的文化和背景。专业课程思政教学要加强"三大文化"教育,推动中华优秀传统文化融入课程教学,加强革命文化和社会主义先进文化教育,引导学生厚植爱国主义情怀,传承中华优秀传统文化,弘扬以爱国主义为核心的民族精神和以改革创新为核心的时代精神;加强理想信念教育,教育引导学生树立共产主义远大理想和中国特色社会主义共同理想,立志肩负起民族复兴的时代重任;加强社会主义核心价值观教育,把社会主义核心价值观渗透到课程教学过程中,弘扬主旋律,传播正能量,在潜移默化中引导学生树立正确的世界观、人生观、价值观。同时,专业课程思政教学还应注重培养学生的跨文化交流和合作能力,让学生具备国际视野和意识,以适应全球化的发展趋势。

4. 培养创新精神和实践能力

医学创新类专业的课程思政教学应注重培养学生的创新精神和实践能力,通过开设创新创业课程、科研项目等形式,引导学生主动探索和解决实际问题,培养创新意识和创新精神,提高学生的科学研究和创新能力,让学生能够独立思考、勇于创新、敢于实践。

专业课程思政教学要让学生掌握相关的创新方法和实践技能，包括批判性思维、创新性思维、问题解决能力等方面。同时，专业课程思政教学还应注重培养学生的团队协作能力和跨文化交流能力，让学生具备国际竞争力，以适应未来医学科学的发展需求。

5. 注重人工智能的医学应用

医学创新类专业中涉及人工智能相关的课程思政教学旨在培养学生对人工智能技术在医学领域的应用能力，引导学生通过学习人工智能算法、数据分析等内容，掌握人工智能在医学信息处理、诊断辅助等方面的应用，为医学科学的发展做出贡献。

综上所述，医学创新类专业的课程思政教学目标是培养学生的综合素质，包括医学交叉学科的专业知识和技能、医学思想道德中的医学伦理与职业道德、人文素养与全球健康观念、创新精神和实践能力以及人工智能的医学应用等方面。课程思政教学不仅让学生掌握相关学科领域的基本理论和实践技能，还注重培养学生的思想道德素质、人文素养、创新精神和实践能力以及科学精神和严谨态度等，以适应现代医学科学的发展需求。

三、专业课程教学内容及思政元素

专业课程思政元素是指在专业课程中融入的思政教育元素，以培养学生的思想观念、人文素养和道德品质等方面的素质。在医学交叉学科中，思政元素的特点主要体现在以下方面。

一是强调医学人文关怀。医学是一门关注人类健康和福祉的学科，因此在医学交叉学科中融入思政元素时，需要强调对患者的关注和关怀，引导学生学会尊重患者、关心患者，培养其良好的医德医风。

二是注重科学素养培养。医学是一门需要科学知识和研究方法的学科，因此在医学交叉学科中融入思政元素时，需要注重培养学生的科学素养，引导学生掌握科学的研究方法，具有严谨的科学态度。

三是强调社会责任和公共卫生意识。医生是社会公共卫生体系的重要组成部分，需要承担起维护和促进公众健康的社会责任。因此在医学交叉学科中融入思政元素时，需要强调培养学生的公共卫生意识和责任心，引导其关注社会公共卫生问题并积极参与解决。

四是强化职业道德和职业操守教育。医生是高尚的职业,需要具备良好的职业道德和职业操守。因此在医学交叉学科中融入思政元素时,需要强化职业道德和职业操守教育,引导学生树立正确的职业价值观和服务意识。

根据医信、医工、医理、医文、医管的交叉学科特色,结合专业课程思政教学目标,医学创新类专业的课程思政元素可以分为以下几点。

1. 家国情怀与国际视野

家国情怀是对自己国家和民族的情感认同和责任感,是医学创新类专业人才应具备的重要素质之一。国际视野指对全球范围内的知识、文化、价值观和实践的深入理解和尊重,这对于医学创新类专业人才的培养同样至关重要。在专业课程教学中,教师可以结合具体案例和知识点,介绍我国医学科技的发展历程和成就,让学生了解我国医学领域的创新能力和国际地位,激发学生的民族自豪感和自信心,培养学生的爱国情怀和责任感;引入国际医学科技的发展历程和成就,结合具体的全球医疗案例和知识点,来拓展学生的国际视野;介绍不同国家在医学领域的创新实践、国际合作项目,以及在全球健康挑战中的角色和贡献,让学生了解世界各地医学领域的先进技术和理念。例如,教师以身作则,用自己的实际行动践行"敬佑生命、救死扶伤、甘于奉献、大爱无疆"的医者精神。将这些鲜活的课程思政事例融入课堂教学中,用来自一线的最鲜活的"教材"培养学生的爱国情怀和使命担当意识,在学生中引起强烈共鸣。教师也可以分享国际卫生组织的工作经验,介绍全球公共卫生事件的应对策略,以及不同国家在疫情防控、疾病预防和治疗方面的成功案例。这些国际范例不仅能激发学生对医学专业的兴趣和热情,还能帮助他们构建起对全球医疗健康问题的深刻理解和全球化的思考方式。同时,教师可以鼓励学生参与国际交流项目,与来自不同国家和文化背景的人交流,以实际行动培养跨文化沟通能力和国际视野。这种国际视野的培养不仅有助于学生在未来的职业生涯中更好地适应全球化的工作环境,也有助于他们成为能够在全球医疗健康领域做出贡献的专业人才。家国情怀与国际视野在医学创新类专业中的体现如下。

(1)医学信息工程。

医学信息工程是医信交叉学科专业,在医学信息工程领域,家国情怀体现在对国家医学信息化建设的关注和贡献上。例如,医学信息工程相关从业人员可以通过研究和开发医学信息系统,为国家的医疗保健事业提供支持,推动国家医学信息化的发展。因此,教师在讲解医学信息系统的建设和发展时,可以引入我国医学信息化的现状和挑战,让学生了解我国医学信息化的发展历程和未来趋势,培养学生的爱国情感和国际视野。

(2)生物医学工程。

生物医学工程是医工交叉学科专业,在生物医学工程领域,家国情怀体现在对国家医疗器械产业发展和创新的关注和贡献上。例如,生物医学工程相关从业人员可以通过研究和开发新的医疗器械和技术,为国家的医疗保健事业提供支持,推动国家医疗器械产业的发展和创新。因此,教师在介绍医疗器械和设备时,可以引入我国医疗器械产业的发展历程和现状,让学生了解我国医疗器械产业的实力和前景,激发学生的民族自豪感和自信心。

(3)生物医药数据科学。

生物医药数据科学是医理交叉学科专业,在生物医药数据科学领域,家国情怀体现在对国家医药科技的创新和发展以及公共卫生事业的关注和贡献上。例如,生物医药数据科学相关从业人员可以通过研究和开发新的药物和临床试验技术,为国家的医药科技创新和发展提供支持,同时也可以通过对公共卫生数据的分析和研究,为国家的公共卫生事业提供支持。因此,教师在讲解药物研发和临床试验时,可以引入我国新药研制和临床研究的现状和成果,让学生了解我国医药科技的创新和发展,培养学生的家国情怀和国际视野。

(4)健康与医疗保障。

健康与医疗保障是医文交叉学科专业,培养家国情怀和国际视野,需要综合考虑国内医疗保险系统的特点和国际医疗保险的发展趋势,以及全球公共卫生的挑战。学生需要了解国内医疗保险体系的历史和现状,包括基本医保、大病保险等,以及这些制度对改善民众健康的重要性;研究国家卫生政策和公共卫生事件,让学生研究国家的重大卫生政策,如《"健康中国2030"规划纲要》,以及历史上的重大公共卫生事件应对策略等;参与社区公共卫生项目,鼓励学生参与社区卫生教育、健康促进活动,了解和解决本地区的健康问题,增强为国家和社会贡献的意识;认识医疗保险在社会发展中的作用,通过案例研究和讨论,充分认识医疗保险对社会稳定和国家发展的重要性,激发家国情怀和责任感。培养学生的国际视野可以让其学习国际医疗保险系统,教师介绍和比较不同国家的医疗保险系统,如美国、英国、德国等国家的医疗保险模式,让学生了解各国医疗保险的差异和优势；关注全球卫生议题，研究全球卫生挑战，如全球流行病、跨国医疗保险合作等，培养学生对国际公共卫生问题的理解和关注；加强国际交流与合作，鼓励学生参加国际会议、研讨会，或参与国际合作项目，提升跨文化交流和合作能力。

(5) 智能医学工程。

在智能医学工程领域，家国情怀体现在对国家医疗科技的创新、智能医疗解决方案的发展以及公共卫生事业的关注和贡献上。例如，教师在讲授关于智能医疗设备设计、人工智能在医疗诊断中的应用或远程医疗技术的课程时，可以结合我国在智能医学工程方面的最新研究成果和实际应用案例，介绍国内在人工智能辅助诊断、医疗机器人、远程手术等方面的创新成就，让学生了解我国在智能医学工程领域的发展现状和未来趋势。教师也可以引入智能医学技术在疫情防控、疾病预防和健康监测中的应用案例，如智能穿戴设备在健康监测中的作用、大数据在疫情追踪和预测中的应用等。这不仅能让学生了解智能医学工程在公共卫生领域的重要作用，也激发了他们为国家公共卫生安全贡献自己力量的意愿和责任感。智能医学工程专业的教学不仅要传授专业知识，更要培养学生的专业素养，引起他们对于国家医疗科技发展的关注，塑造他们的家国情怀，拓展其国际视野。

2. 科学精神与医学人文

科学精神指追求真理、严谨求实、勇于探索的精神，是医学创新类专业人才应具备的重要素质之一。在专业课程教学中，教师可以结合具体案例和知识点，培养学生的科学精神。

在医学交叉学科的科研工作中，科学精神体现在对数据和实验结果的严谨分析和解释，以及对研究成果的客观评估和谨慎推广上。例如，在生物医学研究中，学生需要对实验数据进行仔细的统计和分析，以得出可靠的结论。同时，学生还需要对研究结果进行充分的评估和讨论，以确保研究成果的科学性和实用性。

此外，科学精神还体现在对不同学术观点的包容上。例如，在医学研究中，不同的研究团队可能会对同一问题得出不同的结论。在这种情况下，学生需要以开放和包容的态度来面对不同的观点和看法，通过深入的讨论和交流，推动科学研究的不断发展和进步。科学精神和医学人文在医学创新类专业中的体现如下。

(1) 医学信息工程。

教师在讲解医学数据挖掘和分析时,可以引入医学数据科学的研究方法和思路,让学生了解医学数据的复杂性和不确定性,培养学生的科学思维和求实精神;通过学习科学的方法和技术,对医学数据进行采集、整理、分析和解读,提取出有价值的信息和知识,为医学研究和临床实践提供支持。

(2) 生物医学工程。

教师在介绍生物材料和组织工程时,可以引入生物医学工程的研究进展和实践应用,让学生了解生物医学工程的复杂性和挑战性,培养学生的科学思维能力和探索精神;使其通过学习科学的方法和技术,设计和制造出能够模拟人体组织的生物材料,为器官移植和组织修复提供新的解决方案。

(3) 生物医药数据科学。

教师在讲解药物研发和临床试验时,可以引入医药数据科学的研究方法和思路,让学生了解药物研发的不确定性和复杂性,培养学生的科学思维和严谨精神。学生通过学习科学的方法和技术,对药物研发和临床试验的数据进行采集、整理、分析和解读,以预测药物疗效和不良反应,为新药研发提供支持。

(4) 健康与医疗保障。

在健康与医疗保障专业的教学中,教师可以通过以下教学活动培养学生的科学精神和医学人文精神。①介绍医疗保险的科学基础和实践应用,讲解医疗保险学的基本理论,如风险管理、保险精算等,并结合实际案例,如成功的健康保险方案或处理复杂保险索赔的实例,这有助于学生了解医疗保险领域的复杂性和实用性,提高他们的科学思维能力和实际应用能力。②探讨医疗保险与公共卫生的关联,讨论医疗保险在改善公共卫生方面的作用,如何通过保险政策促进健康生活、减少疾病发生率,使学生理解医疗保险在社会健康体系中的重要性,这有助于培养学生的医学人文精神和社会责任感。③分析医疗保险中的伦理和道德问题,讨论医疗保险领域面临的伦理挑战,如保险欺诈、资源分配公平性等问题。通过讨论,学生可以学习到如何在实践中平衡经济效益和伦理责任,培养批判性思维和伦理判断能力。④进行案例研究和实践操作,鼓励学生通过案例研究和模拟实践,比如设计一份医疗保险计划或进行保险索赔的模拟操作,加深对医疗保险理论和实务的理解,同时提高解决问题的能力和创新思维能力。

(5) 智能医学工程。

教师在讲解人工智能在医学领域的应用时，可以引入人工智能算法的研究和实践应用，让学生了解人工智能的原理和应用前景，培养学生的科学思维和创新精神，使学生通过学习科学的方法和技术，设计和应用人工智能算法和模型，为医疗诊断和治疗提供支持。

3. 职业道德与仁心仁术

职业道德指遵守职业规范、尊重职业伦理、履行社会责任的行为准则，是医学创新类专业人才应具备的重要素质之一。在专业课程教学中，教师可以结合具体案例和知识点，培养学生的职业道德。职业道德与仁心仁术在医学创新类专业中的体现如下。

(1) 医学信息工程。

在医学信息工程领域，职业道德体现在医疗数据的管理、分析和应用上，确保医学数据的准确性和安全性，尊重和保护医学数据。因此课程思政需要引入医疗数据管理的法律法规和伦理指导原则，让学生了解医生或医疗保健机构必须遵循相关的法律法规和道德规范，确保患者的个人信息不被滥用或泄露，同时确保医疗信息系统的安全性，防止未经授权的访问等，培养学生在处理敏感医疗信息时的职业道德和责任感。

(2) 生物医学工程。

在生物医学工程领域，职业道德和科学责任体现在创新医疗技术的研发与应用上，确保这些技术在提高患者护理质量和医疗效率方面的安全性和有效性。在介绍医疗器械和设备时，教师可以引入医疗器械行业的职业道德规范和行为准则，让学生了解医疗器械行业的责任和义务，也可以引入生物医学工程产品开发的案例，让学生了解产品设计和测试的伦理标准，如患者同意、临床试验的道德准则等。生物医学工程相关从业人员必须遵循相关的法律法规和道德规范，确保医疗器械的安全性和有效性，同时承担起对公众健康和安全的责任，具有良好的职业道德和社会责任感。

(3) 生物医药数据科学。

在生物医药数据科学领域，职业道德主要体现在对医学数据的正确处理和应用上。例如，在处理患者的敏感数据时，科研人员和医疗专业人士必须严格遵守数据保护的相关法律法规和伦理标准，确保数据的隐私性和安全性。教师在讲解生物医药数据的收集、处理和分析时，可以引入数据伦理的问题和实践要求,让学生了解数据处理中的伦理原则和法律规范,培养学生的职业道德、隐私保护意识,加深其对公共卫生责任的理解。

(4)健康与医疗保障。

在健康与医疗保障领域,职业道德体现在对公共卫生问题和医疗资源分配的关注和行动上。健康与医疗保障专业人员应致力于改善全球范围内的健康状况,尤其是贫困地区和发展中国家。他们应关注公共卫生问题,推动疾病预防和控制措施的实施,同时积极参与国际援助和合作项目,为改善全球健康做出贡献。在讲解全球健康体系和传染病预防与控制时,教师可以引入公共卫生领域的职业道德规范和实践要求,让学生了解公共卫生领域的责任和义务,培养学生的职业道德和社会责任感。

(5)智能医学工程。

在智能医学工程领域,职业道德体现在人工智能在医疗领域的应用上。例如,医生或医疗保健机构必须遵循相关的伦理原则和法律法规,确保人工智能系统的安全性和可靠性,同时保障患者的权益和安全。教师在讲解人工智能在医学领域的应用时,可以引入人工智能伦理的问题和实践要求,让学生了解人工智能伦理的原则和规范,培养学生的职业道德和社会责任感。

4. 与时俱进与协作创新

创新精神指勇于创新、敢于实践、不断探索的精神,是医学创新类专业人才应具备的重要素质之一。在专业课程教学中,教师可以结合具体案例和知识点,培养学生的创新精神。

(1)医学信息工程。

在讲解医学信息系统的建设和应用时,教师可以引入医疗信息化领域的创新实践和应用案例,让学生了解医疗信息化领域的创新和发展趋势,提高学生的创新思维能力和实践能力,探索新的医学信息技术和方法,以解决医学领域中的问题和挑战。

例如应用人工智能技术,开发出能够自动化分析和解读医学影像的智能辅助诊断系统,提高诊断的准确性和效率;设计和优化临床决策支持系统,提供个性化的医学建议和指导;开发基于机器学习和深度学习的医学图像分析算法,实现对医学影像数据的自动识别和解读;开发智能化的电子健康记录系统,利用人工智能和大数据分析技术实现对患者数据的自动化处理和辅助决策。

(2)生物医学工程。

在介绍医疗器械和设备时,教师可以引入医疗器械行业的创新实践和应用案例,让学生了解医疗器械行业的创新和发展趋势,提高学生的创新思维能力和实践能力;探索新的生物材料、生物制造技术和生物医疗器械等方面,以推动医学技术的发展和应用。例如,应用3D打印技术,制造出能够模拟人体组织的生物材料,为器官移植和组织修复提供新的解决方案;开发微创手术器械和机器人辅助手术系统,提高手术的精确性和安全性;研究和应用生物材料,如仿生材料和生物打印技术,用于组织工程和器官移植;设计和优化生物传感器,实现对生理参数的实时监测和诊断。

(3)生物医药数据科学。

让学生了解和探索新的数据挖掘和分析方法,以从海量的生物医药数据中提取有价值的信息和知识。例如,应用大数据分析和机器学习技术,开发出能够预测药物疗效和不良反应的药物研发辅助系统,加速药物研发的过程;利用机器学习和深度学习技术分析大规模的基因组学和转录组学数据,揭示基因与疾病之间的关联;开发个体化医疗的预测模型,根据患者的基因信息和临床数据预测药物疗效和副作用;应用数据挖掘技术发现新的药物靶点和治疗策略。

(4)健康与医疗保障。

培养创新精神,需要结合健康与医疗保障专业知识和实际应用,鼓励学生探索新思路和解决方案。教师可以从以下方面培养学生的创新精神。①培养批判性思维,鼓励学生对现有的医疗保障政策、系统和实践进行批判性分析,识别存在的问题和潜在的改进空间,通过案例研究、讨论和辩论,培养学生的批判性思维能力。②鼓励跨学科学习和应用,健康与医疗保障专业本身就是多学科交叉的领域,融合医学、经济学、管理学等多个领域的知识,鼓励学生探索跨学科的知识和方法,将不同领域的理念和技术应用于医疗保障的创新中。③提供实践和实验教学,提供实际案例研究、模拟项目或实习机会,让学生在实践中学习和尝试新的方法,实际操作能够激发学生的创新思维,并帮助他们理解理论知识在实际工作中的应用。④引入最新技术和趋势,通过讲座、研讨会和工作坊等形式,介绍最新的医疗保险技术和行业趋势,如大数据、人工智能在医疗保障中的应用,鼓励学生思考如何创新应用这些技术。

(5)智能医学工程。

在专业课程中,让学生不断探索新的智能医疗设备和人工智能算法的医学应用等方面,以改善医疗服务的质量和效率。例如,应用自然语言处理技术,开发出能够自动识别和处理病历资料的智能病历管理系统,提高医疗服务的效率和质量;开发智能诊断系统,利用机器学习和深度学习算法对患者的临床数据进行分析,高效诊断;研究和应用远程医疗技术,通过传感器和通信技术实现对患者的远程监护和医疗服务;设计智能化的健康管理系统,提供个性化的健康指导和监测。

四、专业课程思政教学方法

1. 双师协同铸成学科桥梁

双师同堂是专业课程思政教学的主要方式之一。校内导师和校外导师共同指导,可以通过课堂讲授和线上线下结合协同指导,将思政元素融入专业课程中,引导学生树立正确的价值观和职业操守。

①家国情怀与国际视野:在医学创新类专业课程中,校内和校外导师可以从学科发展历史和发展现状入手,结合我国医学科技的发展成就,培养学生的爱国主义情怀;介绍我国在医学领域的创新能力和国际地位,激发学生的民族自豪感和自信心,培养学生的爱国情怀和责任感。

②科学精神与医学人文:在医学创新类专业课程中,校内导师着重引导科学精神,校外导师着重引导医学人文思想,通过引入科学研究的方法和过程,联合培养学生的科学精神和科学素养;介绍医学领域中的最新研究成果和技术创新,引导学生探索未知、追求真理,培养学生的科学精神和探索精神。

③职业道德与仁心仁术:在医学创新类专业课程中,校内导师可以引入医学伦理学、医学法规等内容,培养学生的职业道德和职业操守;校外导师可以通过讲解医务工作者的职责和义务,引导学生树立尊重生命、关爱患者的职业精神和服务意识。

④与时俱进与协同创新:在医学创新类专业课程中,校内导师强调创新思维和创新能力的培养;校外导师通过引入医学领域中的新技术、新方法、新思路等内容,引导学生关注创新、推动创新,培养学生的创新意识和创新精神。

2. 实境融入培养理实交融

将在课堂上学到的理论知识与社会实践相结合,通过亲身体验和实地考察可加深学生对学科的理解,提高其应用能力。社会实践是让学生亲身感受医学实践和医务工作的重要方式,也是融入思政元素的好途径,可以安排学生参加医学实验、临床实习等活动,让他们在实践中体验和理解思政教学的内容。

①家国情怀与国际视野:组织学生参观医院、诊所等医疗机构,观察医务工作者的实际工作和医患关系,了解先进的医疗技术,培养学生的职业认同感,激发民族自豪感;通过观察医务工作者的辛勤工作和患者的需求,引导学生更加珍惜生命、关爱他人,提高服务社会的意识;鼓励学生参与国际交流项目,拓宽国际视野。

②科学精神与医学人文:安排学生参与医学实验或科研项目,观察科研人员的实验过程和技术操作,引导学生体会科学的严谨性和实验的规范性,培养学生的科学素养和严谨的科学态度。

③职业道德与仁心仁术:安排学生参观社区卫生服务中心或公共卫生机构,了解公共卫生的重要性和医务工作者的社会责任;通过观察医务工作者的工作过程和服务态度,引导学生体会职业道德的重要性。

④与时俱进与协同创新:组织学生参观新兴医疗科技企业或医学研究机构,了解新技术、新方法、新思路在医学领域的应用和发展;通过观察创新企业的研发过程和技术应用,引导学生体会创新的价值和推动创新的责任。

3. 思辨汇聚激发科学火花

集思广益、多元思维的交流碰撞,激发学生的创新思维和批判性思维,从而使学生主动思考。研讨可以引导学生主动思考和探索问题,也是融入思政元素的好方式。

①家国情怀与国际视野:组织小组讨论或研讨会,让学生分享学习心得和体验,共同探讨医学伦理、医患关系等议题,培养学生的团队合作精神和沟通能力;通过小组讨论和分享,引导学生关注社会问题和公众福祉,培养学生的社会责任感和公共卫生意识;小组讨论国际医学领域的问题等,了解各国的应对策略、先进的理论等。

②科学精神与医学人文:安排专题讲座或研讨会,邀请医学专家或科研人

员分享实践经验和感悟,让学生了解行业最新动态和趋势,引导学生树立正确的职业价值观和服务意识;通过专家讲座和研讨会,引导学生体会科学的严谨性和实验的规范性,培养学生的科学素养和探索精神。

③职业道德与仁心仁术:开展案例分析或角色扮演活动,让学生通过实际案例的分析和活动体验培养其分析问题和解决问题的能力,同时引导学生关注行业最新动态和趋势,培养学生的社会责任感和公共卫生意识,引导学生体会职业道德的重要性,培养其良好的职业操守和服务意识。

④与时俱进与协同创新:组织学生参与创新项目或创业计划竞赛,培养学生的创新意识和创新能力,激发学生的创新精神和团队合作精神;同时让学生在创新项目中关注社会问题和公众福祉问题,培养其社会责任感和公共卫生意识。

综上所述,实地观摩、研讨和参与竞赛等都是专业课程思政教学的重要方法。在具体实施过程中,教师应当根据课程内容和学生的实际情况选择合适的方法,将思政元素与专业课程内容有机融合以达到良好的教学效果。

4. 多元教学默化人文素养

(1)案例教学。

教师引入真实的医疗案例,让学生分析、讨论和解决问题,培养其分析问题和解决问题的能力,同时引导学生关注职业道德、医疗伦理等议题。在医学教育课程体系中,很多课程都体现着对生命的尊重意识、对科学的追求精神、对医学的奉献精神、对病人的关怀精神。例如"医学伦理学"就是一门涉及医学伦理和职业道德的课程,教师可以深入挖掘其中的医德元素,引导学生思考医学伦理问题。

①家国情怀与国际视野:教师可选择一些具有代表性的医学案例,如我国的公共卫生事件、疫情防控等,结合医学专业知识,让学生了解我国医学事业的发展和成就,培养学生的家国情怀和责任意识。

②科学精神与医学人文:教师可选取一些医学领域的经典案例或最新研究成果,如新药研发、医学技术发明等,引导学生深入剖析案例,培养学生的科学素养和科学精神。

③职业道德与仁心仁术:教师可引入医学伦理学的实际案例,如医生职业道德的典范、医患关系的处理等,让学生了解职业道德的重要性和医务工作者的责任,培养学生的职业操守和服务意识。

④与时俱进与协同创新:教师可选取一些具有创新性的医学案例,如新兴医疗技术、创新医疗器械等,引导学生探讨创新在医学领域的重要性和应用价值,培养学生的创新意识和创新精神。

(2)PBL教学。

PBL教学是以问题为导向的教学方法,让学生通过自主学习、小组讨论等寻找解决问题的方法,培养其自主学习和解决问题的能力,同时引导学生关注医疗行业的热点问题和社会责任等议题。

①家国情怀与国际视野:教师可设计一些与我国国情和医学事业发展相关的问题,如我国的医疗卫生政策、公共卫生现状等,让学生通过研究和讨论这些问题,了解我国的医学事业发展情况和面临的挑战,培养学生的家国情怀和责任意识。

②科学精神与医学人文:教师可设计一些涉及科学方法和科学精神的医学问题,如医学研究的设计与实施、新药研发的流程等,引导学生解决这些问题,培养学生的科学素养和科学精神。

③职业道德与仁心仁术:教师可设计一些涉及医生职业道德和医患关系的问题,如医生在面对患者时的责任与义务、如何处理复杂的医患关系等,引导学生分析和解决这些问题,培养学生的职业操守和服务意识。

④与时俱进与协同创新:教师可设计一些涉及创新的问题,如新兴医疗技术的研发和应用前景、如何将创新应用于医疗实践中等,引导学生研究和解决这些问题,培养学生的创新意识和创新精神。

(3)在线教学。

利用网络平台,提供在线课程、视频、音频等多种形式的教学资源,让学生自主选择学习内容和学习方式,同时引导学生关注医疗科技的发展和创新、医疗伦理等议题。

①家国情怀与国际视野:组织学生通过在线平台进行主题讨论或观看与我国医学事业相关的视频资料,如我国医疗队伍的建设成就等,让学生在网络平台上交流互动,培养其家国情怀和社会责任感。

②科学精神与医学人文:利用在线平台发布与医学科学知识相关的阅读材料或科普视频,让学生自主阅读和学习,培养其科学素养和科学精神;也可以引导学生参与在线科学论坛或科研项目,培养学生的科学探究能力。

③职业道德与仁心仁术:利用在线平台发布与职业道德相关的案例或视

频资料,让学生在网络平台上进行讨论和分析,培养其职业操守和服务意识;也可以邀请医学专家进行在线讲座或答疑解惑,让学生了解行业最新动态和职业道德的重要性。

④与时俱进与协同创新:利用在线平台发布与医学创新相关的资讯或视频资料,让学生了解最新的医学科技进展和创新趋势,培养其创新意识和创新精神;也可以引导学生参与在线创新项目或创业计划,培养其创新能力和创业精神。

此外还有实践操作教学、情境模拟教学等。通过实践操作,学生能够掌握医疗技能和方法,培养其实践能力和职业素养,同时引导学生关注医疗安全和医疗质量等议题。模拟真实的医疗场景,让学生扮演不同的角色,体验医疗工作的实际情况,理解处理问题的方法,以培养其职业素养和综合能力,同时引导学生关注医患关系和医疗伦理等议题。

医学创新类专业课程思政教学可以通过多种方式进行尝试和创新,如将课堂讲授、实地观摩、研讨等教学方法相结合,教师应当根据课程内容和学生的实际情况选择合适的方法,将思政元素与专业课程内容有机融合,以达到良好的教学效果。

五、专业课程思政教学效果评价

构建科学合理的课程思政教学效果评价体系能有效地保障和促进课程思政的实施。根据医学创新类专业培养要求和思政教学目标要求,构建医学创新类专业课程思政教学效果多维评价体系,建立"三位一体、三方联动、四方协同、三个结合"的医学创新类专业特色评价标准。

1. 课程思政教学效果评价体系

(1)三位一体。

随着现代信息技术的发展,课程思政需与现代技术融合发展,需构建"线上+课堂+实践"三位一体的课程思政教学效果评价体系。

①线上:以价值引领为主线,线上评价内容包括有关医学创新类专业课程思政相关示范课程、文章及视频质量,如"医学心理学""医学伦理学"等人文教育主干课程和辅助课程体系,将人文精神与科学精神有机融合,培养医学生医者仁心的素养和德能兼修的能力;医学实践和思政元素的融合也是医学创新

类专业课程思政线上教学的评价点。

②课堂:课堂教学是实施课程思政的"主渠道"。高校医学创新类专业课程思政课堂评价应从教学目标、教学内容、教学设计、教学活动等方面着手。教学目标应设定为医学创新类专业课程思政达到育人效果;教学内容要充分展现课程思政元素;教学设计中应有课程思政如何融入专业知识的环节,考虑融入是否"如盐入水",避免生搬硬套。

③实践:"第二课堂"实践活动设计以临床实践、社区实践、科学创新实践、实验室实践为主要方式,让学生学习和应用相关的医学创新类专业知识和技能。学生可以在医院或诊所中参与患者的诊断和治疗,如进行病史采集、体格检查、开具处方等;学生可以在社区中进行健康宣传和教育活动,如开展健康讲座、提供健康咨询、进行健康检查等;学生可以参与医学交叉学科的研究项目,如进行基因组学、蛋白质组学和代谢组学的研究,以发现潜在的疾病标记物和治疗策略;学生可以参与医学交叉学科的创新项目,如开发新型的医疗器械、药物、治疗方法等。通过这些实践活动,学生可以了解医疗领域的前沿技术和未来趋势,并可以学习如何进行创新和创业。在活动中培养学生的思辨能力和批判性思维,涵养家国情怀,培养优良的医德医风,提高文化素养,增强法治意识和道德修养,培养具有国际视野、有理想信念、德智体美劳全面发展的社会主义建设者和接班人。

"线上+课堂+实践"三位一体的课程思政教学效果评价体系既合理利用了现代信息技术的优势,又充分发挥了课堂教学这个"主渠道"的作用,同时又拓展了"第二课堂"活动的内涵,可以有效考量课程思政的实施效果。

(2)三方联动。

从评价主体出发,设计"学校+学院+教研室"三方联动评价体系,其有利于多维视角评价专业课程思政的实施效果,对全面考评医学创新类专业课程思政的实施提供制度保障。

①学校:作为评价主体之一的学校应做好顶层设计,建立有专门领导负责、合理工作机制、健全保障措施的课程思政评价标准。

②学院:学院这一评价主体应以学校评价体系为引领,制定符合学科交叉特点的课程思政评价体系。

③教研室:教研室作为评价主体之一,在学院评价体系的基础上,结合教

研室实际和不同学科专业特点、人才培养方向及目标,制定教研室课程思政评价体系细则。

(3)四方协同。

①领导评价:从不同层面考核,包括课程育人目标、课程教学质量、教学规范执行、教学研讨、实验活动、作业论文等各个环节的课程思政实施情况。

②同行评价:通过公开课、评课、教学研讨等方式考核教师的课程思政教学质量、教学设计的效果,如考核课程思政教学目标是否合理明确,课程思政内容融入教学的方式是否合理,课程思政教学设计是否得当,课堂教学活动组织如何。

③教师自评:反思在教学过程中实施课程思政的不足,如课程思政元素挖掘、课程思政教学设计、课程思政融入方式、课程思政活动设计等方面的不足。

④学生评价:通过问卷调查、访谈等了解学生对教师课程思政实施的体验度、接受度和获得度,例如,是否体会到了开展课程思政的必要性;是否接受课程中融入的思政元素,如中国传统文化、社会主义核心价值观、习近平治国理政等内容;能否在课程思政教学中提升政治觉悟、人文素养等。

"领导评价+同行评价+教师自评+学生评价"四方协同评价体系的构建能够有效全面地评估课程思政的实施效果和存在问题,从而有利于解决问题和提升课程思政的实施效果。

(4)三个结合。

①形成性评价与终结性评价相结合。课程思政具有显性和隐性的特点,构建形成性评价和终结性评价相结合的评价体系,坚持"定性评价为主,量化评价为辅;动态评价为主,静态评价为辅"的评价原则,可以有效评价课程思政的实施效果。

形成性评价方面,对教师的评价聚焦于课程思政实施过程中各个环节的考查和考评,如课程思政的教学目标、教学内容、教学设计、教学活动等。对学生的评价注重学生在教学过程中是否积极参与课堂活动,在课程思政实施后,学生的科学精神、职业道德、创新精神建设是否得到加强等。终结性评价方面,聚焦教师实施课程思政一段时间后,在课程思政建设、课程思政教学等方面的概括性总结。

②表象性评价与发展性评价相结合。表象性评价主要通过观察判断和综

合分析来完成,主要针对任务驱动式课程思政教学设计,突出阶段性、任务型和项目化。但是对于评价学生较为复杂的能力或素养,尤其学生的表现任务具有迁移性、发展性时,表象性评价的实施就比较困难,评价效果也不理想。因此,发展性评价成为有力补充。发展性评价强调建立学生成长与发展的评价体系,通过评价促进学生的能力提升和素质发展。常见的发展性评价方法有学生学习过程档案袋评价法,即学生通过建立学习过程(成果)档案袋(含电子形式)用于记录和储存自己的学习成果,反思自己的学习过程(如进步与不足),与同学之间的互评和交流。

医学创新类专业可以以系列课程的开始为起点建立学生学习过程档案袋,档案袋内容分模块设置(含思政模块),以系列课程的结束为终点。在档案袋的完善和管理过程中,教师和学生随时可以针对学习效果与个人发展进行对话和交流,这样既有利于学生的自我评价与发展,又有利于教师较为全面地评价学生。发展性评价注重过程的动态监测与评价,关注学生发展的全面性,主张学生自我评价。

③个性化评价与规范化评价相结合。以个性化评价为主,规范化评价为辅,个性化评价与规范化评价有机结合。个性化评价聚焦每一位学生的个人学习进步和学习成果,不针对优差甄别,不强调学生之间的比较,充分体现了"学生中心"理念。个性化评价更注重达成性评价,强调是否已经达到了预设评价标准或达成标准(含学生自我评价),其评价结果往往用"符合/不符合""达成/未达成""通过/未通过"等表示,而非"优/良/中/差"等级表示。个性化评价要求教师根据每一位学生的学习基础、成长轨迹和发展特点,结合课程思政目标、及时持续性的教学改进、针对性的教学评价和建设性的学习指导进行评价,其评价结果不用于比较性评价。规范化评价主要通过统一规范的标准来进行整体性评价,能够有助于教师整体衡量大学课程是否很好地为专业人才培养服务,思政目标是否落实到位,教学设计是否科学合理,教学效果是否令人满意,评价结果是否能促进教学持续改进。例如,可以根据毕业要求、课程目标、思政目标、教学设计,通过采取问卷调查(含达成度调查)、自我评价(可用量化表)、心得体会等方式来实施规范化评价,从而达到整体性评价目的。

2. 课程思政教学效果评价标准

医学创新类专业课程思政教学效果评价标准如表15-1所示。

表 15-1　医学创新类专业课程思政教学效果评价标准

维度	类型	评价指标
交叉学科的综合能力	定量标准	课堂测试成绩：学生对专业知识和技能的掌握程度。 实验操作成绩：学生在实验过程中表现出的技能水平。 学术论文发表情况：学生在课程学习期间发表的与医学创新类学科相关的学术论文数量和质量
交叉学科的综合能力	定性标准	学生能够全面掌握医学创新类学科的专业知识和技能，具备初步的实践能力和研究能力。 学生能够独立思考、解决问题，具备创新精神和实践能力。 学生能够关注医学科技发展趋势，了解并掌握最新的医学科技成果和应用。 课程涵盖交叉学科的基本理论、基本知识和基本技能，注重理论与实践相结合，能够培养学生的实际操作能力。 课程注重培养学生的专业素养和实践能力，帮助学生提高医学素养和综合能力。 课程注重培养学生的创新能力和终身学习能力，能够引导学生掌握学习方法，能够帮助学生形成良好的学习习惯和学习态度
多学科职业道德桥梁	定量标准	医德医风考核成绩：学生对医生职业道德的理解和实践情况。 职业道德案例分析成绩：学生对医学伦理案例的分析能力和判断能力
多学科职业道德桥梁	定性标准	学生能够理解和遵守医生职业道德规范，具备良好的职业操守和服务意识。 学生能够正确处理医患关系，关注患者需求，尊重患者权益。 学生能够积极参与医学伦理和职业道德相关的讨论和实践活动。 课程遵循社会主义核心价值观，弘扬爱国主义、集体主义、社会主义精神，能够引导学生树立正确的世界观、人生观和价值观。 课程注重培养学生的社会责任感和公共服务意识，能够引导学生关注社会公共卫生问题，培养学生的医者仁心和大爱无疆的精神。 课程注重培养学生的道德品质和职业操守，能够引导学生树立良好的医德医风，严格遵守医疗伦理和职业道德规范

续表

维度	类型	评价指标
人文素养与全球健康	定量标准	课堂参与人文素养相关讨论的次数和质量。 课程论文或报告中关于全球健康内容的体现程度
	定性标准	学生能够关注全球健康问题,了解并思考跨文化背景下的卫生保健和医疗服务问题。 学生能够具备一定的文化敏感性和包容性,尊重不同文化背景下的医疗实践和健康观念。 学生能够积极参与人文素养和全球健康相关的讨论和实践活动。 课程注重培养学生的人文素质,包括文学、历史、哲学、艺术等方面的知识,能够帮助学生提高文化素养和审美情趣。 课程注重培养学生的科学精神,包括批判性思维、创新思维、科学方法运用等方面的能力,能够帮助学生形成严谨的科学态度和创新精神。 课程注重培养学生的人文精神与科学精神的融合,能够引导学生将人文素质与科学精神相互渗透,形成全面发展的医学人才
创新精神与实践能力	定量标准	创新项目参与度:学生参与创新项目、创业计划等活动的数量和程度。 实验或实践报告的成绩:学生在实践活动中表现出的创新思维和实践能力
	定性标准	学生能够积极关注医学科技发展趋势,具备初步的创新意识和创新精神。 学生能够在课程学习和实践中独立思考、勇于尝试,提出具有创新性的想法和解决方案。 学生能够积极参与创新项目或创业计划,具备初步的创新创业能力
人工智能的医学应用	定量标准	人工智能技术应用成绩:学生在医学领域应用人工智能技术的熟练程度和应用能力。 人工智能医学应用案例分析成绩:学生对人工智能在医学领域应用的了解和分析能力 学生参与人工智能在医学领域应用的讨论和实践活动次数
	定性标准	学生能够了解人工智能的基本原理和技术,具备初步的应用能力和判断能力。 学生能够思考人工智能在医学领域的应用前景和发展趋势

第三篇 新医科背景下专业课程思政教学案例

第十六章
医药卫生管理学院"组织行为学"课程思政案例

课程负责人： 高红霞　沈丽宁　金新政　华中科技大学同济医学院医药卫生管理学院

章节名称

第十五章　组织文化与管理

课程目标

一、知识目标

在复习和巩固前期课程中所学习的组织文化概念与特征的基础上，结合典型课程思政案例的学习，剖析在不同类型、性质的组织中，组织文化的同质性与异质性特征。重点突出组织文化对于员工和组织行为的积极导向等影响作用，以及如何运用组织文化进行组织和员工管理。

二、能力目标

一是提高学生将组织文化的理论知识灵活运用到管理实践中的能力；二是锻炼学生从事物的现象到本质的概括总结提升能力，如从裘法祖事迹的现象中，总结出裘法祖精神的内核。

三、德育目标

授课对象为大二学生。本次课程思政的德育目标如下。第一,让学生系统了解作为医学人才红色思想教育模板的裘法祖精神内核;第二,了解裘法祖精神作为一种组织文化,对同济医学院、同济医院、外科医学发展中的管理所起的激励导向作用;第三,了解在国家顶级医学创新和健康中国建设推进中,裘法祖精神所富有的时代意义。

教学内容

1. 组织文化的概念(简单回顾)

①组织文化的含义。

②组织文化的类型。

2. 组织文化的形成

①组织文化的形成:历史、领导者等因素的影响。

②组织文化的特征:共性与特性。

组织文化所具有的共性特征。

不同类型、性质的组织文化的特性。

3. 建设:组织文化的形成、心理机制

①员工的组织文化形成过程。

②如何运用模仿、从众等心理机制引导员工形成组织文化。

4. 组织文化的作用:组织文化对员工个体、组织与社会的作用

①组织文化对员工个体的作用。

②组织文化对组织的管理与发展的作用。

③组织文化对社会的作用。

思政素材

《百年卫生 红色传承:裘法祖精神的探寻、继承与弘扬》,本素材来自2023

年"挑战杯"全国大学生课外学术科技作品竞赛红色专项活动的参赛作品,是通过实地参观华中科技大学校史馆、同济医学院院史馆,阅读裘法祖先生自传等资料,结合对退伍军人和关键知情人的访谈等撰写而成的。

本素材还配有 5 分钟短视频,将文字思想进一步提升为视觉冲击,加深学生印象。

思政元素

一、裘法祖先生的大医、大师和大爱精神

1. 大医

①裘法祖先生对我国外科发展做出了卓越贡献,在实践中开创"裘氏刀法"。

②裘法祖先生是抗美援朝中的"战场保护神"。

③2008 年汶川地震后,裘法祖先生以 94 岁高龄坚守在病房一线,为地震伤员会诊、亲自查房。

2. 大师

①"德不近佛者不可以为医,才不近仙者不可以为医",这是裘法祖先生对学生的谆谆教诲。

②"一身正气、两袖清风、三餐温饱、四大皆空"体现了裘法祖先生高尚的道德情操。

③裘法祖与吴孟超两人演绎了一段医学界的师生佳话。

④"做人要知足,做事要知不足,做学问要不知足。"彰显了裘法祖先生淡泊名利、学无止境的精神。

3. 大爱

①1946 年,裘法祖先生放弃德国优厚待遇毅然回国,任教同济大学医学院,自此一生奉献给祖国的医学事业,带回德国较为先进的外科手术技术和教学模式。

②裘法祖先生常说:"我有三位母亲,一位是生养我的母亲,一位是教育我的同济,一位是我热爱的祖国。"

③裘法祖先生捐出自己多年来的积蓄成立"裘法祖普通外科医学青年基金",鼓励后辈学子钻研医术、勇攀高峰。

二、裘法祖精神对同济医学教育的影响

裘法祖精神在本质上凸显的是新时代中国精神。它发展于社会主义医德建设进程中,在一代又一代"同济人"的传承中得到发扬,在艰苦的抗疫斗争中得到集中体现,展现出广大医务工作者不忘初心、牢记使命、以党的号召为号令的精神风貌,体现了对党、对人民高度负责的认真态度,是对中国精神的有力诠释。

三、裘法祖精神的新时代体现

裘法祖精神的新时代体现:攻坚克难、贴近基层、敢为人先。

教学安排

一、课前准备

依据教学内容需要,教师提前将"裘法祖精神对于组织的意义与价值"这一课程思政主题告知学生,让其利用课余时间进行准备,教师对学生的准备工作进行指导、督促和跟进。

具体要求如下。①按照三个方向进行分工,分别围绕同济医学院、同济医院和医学发展,从裘法祖精神对它们的指导价值与具体实践方面进行资料的收集。②要求找到这一思政主题在组织文化理论知识学习中的融入点。③分工要求:自由组队,三个方向由班长进行总体协调分配。按照2~3人为一组进行分组,每个方向分配给2~3组同学。

二、课中教学与互动

所有学生将准备好的纸质资料在课堂上呈现,接受教师的检查。

上课过程:首先由教师带领学生简单回顾组织文化的基本知识点,包括组织文化的内涵与分类。在此基础上,按照章节知识点进行理论授课,并按照表1所示的内容进行课程思政的开展。

课程思政与专业理论知识的融合点如表 16-1 所示。

表 16-1　课程思政与专业理论知识的融合点

序号	专业理论知识点	课程思政内容
1	组织文化的形成	第一次引入裘法祖话题,介绍其事迹。 询问:为何裘法祖精神会成为同济医院、同济医学院的组织文化
2	组织文化的特性部分	裘法祖精神的特性:大医、大师和大爱
3	员工组织文化的形成与心理机制	同济医院、同济医学院对于裘法祖精神的继承和弘扬,有哪些具体实践
4	组织文化对员工个体的作用	裘法祖精神对同济医院、同济医学院的员工有哪些驱动力
5	组织文化对组织的作用	裘法祖精神对同济医院、同济医学院有哪些驱动力
6	组织文化对社会的作用	裘法祖精神对现代医学、健康中国战略等的价值体现
7	总结与提升:组织文化是什么	讨论:你认为裘法祖精神的内核是什么? 用自己的理解谈谈组织文化是什么。 观看 5 分钟短视频

三、课堂总结与提升

对本节课的课程知识点、希望达成的能力目标、希望培育的思政目标进行总结,根据课堂情况对今后的课堂安排进行改进和提升。

特色和创新点

一、内容创新

本次课程思政材料是基于裘法祖先生事迹和大量现实材料,花费两个月时间整理撰写而成的。在耳熟能详的裘法祖事迹的基础上,思政内容还拓展至同济医院、同济医学院对裘法祖精神的延续和弘扬,展现了攻坚克难、敢为人先的同济精神。这是基于新时代背景、健康中国战略对裘法祖精神的最新诠释。

二、思政过程创新

本次课程思政内容避免了单纯的以学生听讲为主的"被动式"思政方式，课前材料准备的方式，让学生事先知晓和了解课程思政内容。在此基础上，在课堂教学中激发学生积极性，让学生参与案例的挖掘，根据学生自己对课程思政材料的理解运用至具体知识点，实现积极"参与式"的课程思政教学。

效果体现

裘法祖精神作为同济医学院课程思政材料具有强效果。本节课程引入了裘法祖精神为典型案例贯穿课堂始终，切实考虑了同济医学院的历史和环境氛围，以及学生对于课程思政案例的可获得性、可感知性与可理解性，因此，通过本次课程思政内容，学生们对裘法祖精神更加感同身受。

引入裘法祖精神对于同济医学院、同济医院等组织的影响案例，极大提升了学生在组织文化对于组织发展和员工行为影响方面的认识和理解。

第十七章
第一临床学院"超声诊断学"课程思政案例

课程负责人:谢明星　华中科技大学同济医学院第一临床学院(附属协和医院)

章节名称

第六章　心脏及大血管　第一节　概述(一、心脏解剖概要)

课程目标

一、知识目标

①掌握心脏的毗邻、位置、外形和体表投影,心脏各腔室的连通,心脏瓣膜的名称及作用,心脏的血流动力学。

②熟悉心脏各腔室、房间隔、室间隔形态结构及体表投影,心包腔构成和心包腔概念。

③了解左、右冠状动脉重要分支,冠状静脉系统主要属支及走行,超声心动图发展史。

二、能力目标

①能够辨认心脏模型各解剖结构名称及作用,培养学生辩证思维的能力,以及分析问题、解决问题的能力。

②了解超声心动图发展史,培养学生以发展的眼光看待事物,既看其存在的问题,又看发展趋势。

三、德育目标

①在课程引入阶段,以我国《黄帝内经》和古医籍中的"心主血脉""七孔三毛""形如未开莲花""心包""脉管"等对心脏解剖的粗疏描述较哈维的《心血运动论》早了两千多年为例,增强学生的文化自信和民族自豪感,厚植学生家国情怀。

②介绍超声心动图发展史时,以我国超声心动图学奠基人、同济医学院超声医学科创始人王新房教授等自主研发 M 型超声心动图仪,国际上首次阐明二尖瓣曲线上各波产生机理,率先公布世界最大样本的肝脓肿超声研究等故事,鼓励同学们在新征程上继续发扬自力更生、迎难而上的精神。

③讲解心脏解剖知识时,引入王新房教授在国内率先制作与超声切面对应的心脏解剖标本的故事,激励同学们练就精雕细琢、精益求精的工匠精神。

④讲述心脏解剖结构与血流动力学时,以王新房教授为验证右心声学造影的安全性,拿自己做实验为例,引导同学们培养严谨的治学态度和高尚的人格品质。

⑤介绍超声心动图的临床应用价值时,引入谢明星教授及团队创新性使用超声探头监测左心耳介入封堵的故事,培养同学们探索未知的兴趣和创新发展的思维。

教学内容

①心脏的毗邻、位置、外形。
②心脏各腔室的连通,心脏瓣膜的名称及作用。
③心脏的血流动力学。
④超声心动图检查技术、标准切面及测量。
⑤超声心动图在外科手术中的应用价值。
⑥超声心动图新进展。

思政素材

1. 素材一

我国早在《黄帝内经》中已明确提出"心主血脉",在历代医籍中也有关于心脏结构"七孔三毛""形如未开莲花""心包""脉管"等粗疏描述,这比哈维的

《心血运动论》早了两千多年,这是祖国医学史上最宝贵的遗产之一。

2. 素材二

我国超声心动图学奠基人、同济医学院超声医学科创始人王新房教授于1961年公布世界最大样本的肝脓肿超声研究,将国内肝脓肿诊断正确率提高到90%以上(见图17-1)。1975年英国、美国、加拿大等几个国家联合出版的《超声诊断的现状和未来》一书中写道:十一年前中国王氏等发表了一组218例化脓性与阿米巴肝脓肿的报告,有97%的诊断是相符的,这是西方世界几乎不能超越的。

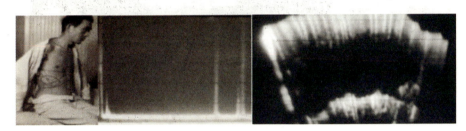

图17-1　早期利用A超液性平段(中)和B型液性暗区(右)进行肝脓肿定位

3. 素材三

王新房教授、高浴教授等于1963年自主研发了能和心电图、心音图同步显示的M型超声心动图仪,首次阐明二尖瓣曲线上各波产生机理、二尖瓣狭窄时曲线的改变以及开瓣音的形成原因(见图17-2),为临床诊断二尖瓣狭窄及人工瓣障碍提供了直接证据。研究成果得到国际广泛认可并沿用至今。

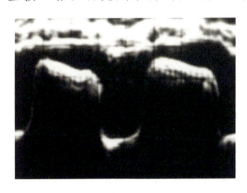

图17-2　二尖瓣狭窄患者的M型曲线

4. 素材四

王新房教授首创的双氧水心脏声学造影法,填补了我国超声造影领域的空白,研究成果获国家科学技术进步奖三等奖。双氧水心脏声学造影在动物试验成功后,王新房教授在自己身体上做人体试验,验证了双氧水造影效果良好且安全。

5. 素材五

为了研究超声心动图切面与心脏解剖结构之间的关系,王新房教授带领学生从超声成像的角度对心脏标本进行断面解剖,由此提出了6个新的纵轴切面。1991年9月专家鉴定认为该研究达到国际先进水平。(见图17-3)

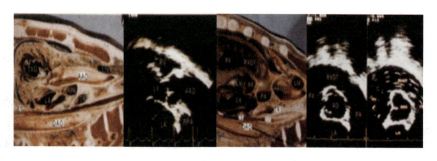

图17-3 主动脉长轴切面解剖与超声图像对比及大动脉短轴切面解剖与超声图像对比

6. 素材六

科室研究经鼻咽食管超声心动图新技术时,王新房教授和谢明星教授秉承医者仁心的高尚品质,首先在自己身上试验,为科室研究新技术提供了宝贵的经验。谢明星教授及团队创新性地将经食管超声心动图与经鼻咽插管技术结合,成功用于临床左心耳介入封堵术中超声引导。患者在清醒状态下耐受经食管超声心动图插管和术中引导,为局麻手术超声引导提供安全保障。

思政元素

①以我国古书籍为例,引导学生对国家深厚文化的理解和接受,厚植爱国主义情怀,培养学生树立国家意识,把爱国情、报国志融入伟大奋斗。

②以老一辈超声专家在艰苦环境和条件下奋斗出的多个首创为例,鼓励同学们在如今国力强大、科研条件优越的新时代里树立长期艰苦奋斗的思想,自己掌握核心技术,实现高水平自立自强。

③以为确保超声切面准确性而精心制作心脏解剖标本为例,倡导同学们以工匠精神对待专业,始终保持积极进取的精神状态,尽心尽力,极致严谨。

④以超声专家们拿自己做试验为例,激发同学们对专业的热爱和奉献,鼓励同学们面对挑战敢于迎难而上,关键时刻顶得住。

⑤以创新超声探头用法为例,引导同学们与时俱进,关注学科前沿,善于利用超声心动图辅助临床新技术研究、新业务开展,在实践中创新,在探索中解决问题。

教学安排

一、课程导入

①引入中西方医学书籍中最早关于心脏外观及功能的描述,如"心主血脉""七孔三毛""形如未开莲花"等,引发学生对心脏解剖的兴趣,并邀请同学分享对心脏解剖的认识。

②引用1975年英、美等国联合出版的《超声诊断的现状和未来》一书中关于我国超声研究成果的描述,十一年前中国王氏等发表了一组218例化脓性与阿米巴肝脓肿的报告,有97%的诊断是相符的,这是西方世界几乎不能超越的,以具有冲击力的事例激发同学们对超声成像的重视。

③展示本节课的课程内容与教学安排,帮助学生从认知、能力和素质三个方面明确学习目标,突出学习重点,提升综合能力。

④开启头脑风暴,通过微助教、词云等教学工具,汇聚学生对主题"心脏解剖""超声成像"的认识、思考和疑问,激发学生从临床实践角度去思考、发现问题。

二、课程主体

①教师利用讲授法介绍超声心动图发展史,从早期M型超声,发展至二维超声、多普勒超声,以及近些年的经食管超声和三维超声成像,使学生对超声心动图发展有整体了解,通过提问,引导学生们认识事物发展的一般规律。在讲授过程中,融入思政内容:体验超声先辈们在追求理想过程的挫折与胜利,从而感悟到人生的意义,帮助同学们树立正确的世界观、人生观和价值观;深入认识事物发生发展的规律,培养大局观和整体观。

②以课堂互动的方式讨论超声心动图课程为什么要将心脏解剖作为其重

要章节。在同学们畅所欲言后,教师引入王新房教授在研究双平面经食管超声心动图时,正是通过对心脏标本进行断面解剖,从而明确了经食管超声心动图图像上各区所代表的解剖结构,由此提出了6个新的纵轴切面(此研究当时达国际先进水平)的事例,引导同学们重视心脏解剖。

③教师利用解剖图片展示和心脏模型解说,介绍心脏的毗邻、位置、外形、体表投影及心腔的内部结构,使同学们对心脏解剖有初步了解;通过视频播放直观显示心脏的真实跳动、心脏瓣膜的结构和工作原理,让抽象理论具象化,便于同学们理解心脏解剖理论知识。

④教师采用类比法,将心脏与水泵做比较,阐述心脏血流动力学;通过分组讨论,启发同学们思考心脏解剖结构与血流动力学表现的内在联系;利用机械论的原理及自然辩证法,帮助学生认识心脏结构与功能之间相互依存、相互协调的辩证关系。在讲授过程中,融入思政内容:理论与实践相结合,帮助学生掌握心脏解剖基本内容,使学生树立辩证唯物主义世界观;培养学生分析问题、解决问题、独立操作的能力,激发学生主动性和创造性。

⑤教师引入超声心动图概念,使学生了解评估心脏解剖结构和血流动力学的无创性影像学检查方法。结合学生在临床见习实习过程中对超声心动图图像及报告的观察学习,理论结合实际,帮助学生梳理心脏解剖断面与超声标准切面的内在联系。通过讨论2个临床失败案例——对超声切面上心脏解剖结构认识不足,导致临床决策失误的,引导学生进行讨论、发言,并引出明代裴一中《裴子言医》中的话:"学不贯今古,识不通天人,才不近仙,心不近佛者,宁耕田织布取衣食耳,断不可作医以误世!"在讲授过程中,融入思政内容:培养学生透过现象(超声成像)看本质(心脏结构和功能)的能力;能力必须到实践中进行检验;能力的提升离不开精益求精、追求卓越的工匠精神。

⑥教师提出问题"超声心动图对临床诊疗有什么价值?"引导同学们踊跃发言;依照心脏解剖结构的错位或缺失所致的先心病、瓣膜病、心肌病、大血管疾病等病种,逐一讲述超声心动图在上述疾病诊疗中的传统应用和扩展应用;播放单纯超声引导二尖瓣介入手术的手术场景视频,使同学们直观感受超声心动图在心脏介入治疗中的不可替代性,激发同学们对专业的认同感;以谢明星教授及团队创新超声探头用法,参与临床新技术应用为例,激励同学们从临床中发现科学问题。

⑦教师结合学生的理解程度讲解最新进展,如心脏声学造影、三维超声心

动图、超声斑点追踪成像技术；列举王新房教授受双氧水致肺栓塞的启发，利用双氧水可产生氧气的特性，成功将其应用于右心声学造影，并以身试验的例子，引导学生有意识培养勤于思考的习惯，善于抓住偶然的科研灵感。

⑧应用心脏模型和超声切面图进行分组练习，采用一问一答方式，对本次课程的内容进行归纳。

三、课程总结

①利用课堂微助教进行课后测验，了解学生在学习课程后对心脏解剖知识的理解和掌握程度。

②总结重点内容，以生动易记的口诀精炼知识点，帮助学生巩固学习成果。

③指导学生课后通过手机 3Dbody 软件或者超声阅片等方式分小组继续练习，通过班级微信群对学生进行指导。

④布置课后作业，通过作业中的问题，引导学生自主学习和主动探索。

⑤课后教学评价反馈，对比传统教学模式与课程思政教学、新型教学方法融入的实践教学模式，不断提高教学质量。

特色和创新点

①教学活动：利用慕课进行线上教学，使学生充分利用碎片化时间进行学习；课堂中锻炼学生临床思维；多学科导师联合培养学生团队。

②教学内容：以"心脏结构＋功能＋临床意义"为主线重构教学内容，改变以往心脏解剖由心房、心室、瓣膜、大血管等解剖部位为主题进行分类学习的知识体系；同时对课程内容进行优化，加强超声医学发展前沿教育；增加创新创业课程内容，提高学生创新实践能力。

③教学组织：小班或小组授课制，采用智慧教室、微助教信息技术加强课堂教学的交往互动；利用慕课进行信息化教学；根据线上慕课分析学习过程，基于能力差异分组教学；鼓励学生参加创新创业大赛，进行社会实践教学。

④教学方法与手段：构建"互联网＋课程思政"教学模式，将现代信息技术与数字化思政元素深度融合，充分利用教学平台和微信群功能，线上讨论和线下教学相结合，分享思政资源。

⑤教学评价:线上利用慕课进行课后测验,结合线下传统测验等方式,采用自行编制的"超声诊断学"课程思政教学调查问卷进行教学效果评价,全面考核学生临床岗位胜任能力,形成以能力为导向的形成性评价与终结性评价相结合的评价体系。

效果体现

①丰富了教学方法,充分与学生互动,学生学习兴趣提高,积极参与课堂互动。学生主动利用各种学习平台、超声图像资料库复习心脏解剖相对应切面,利用线上慕课预习知识、微助教课堂测试,加深知识理解程度。

②提高了教师对课程思政教学建设的认识与课程思政教学能力,使教师掌握了课程思政教学的多种方式方法,实现了将思政元素润物无声般融入课程全过程的目的。

③课程内容经过优化后,超声医学发展前沿教育得以加强。增加了创新创业课程内容后,学生的创新实践能力得到提高。鼓励学生积极参加创新创业大赛,开展社会实践活动,并以广大患者的福祉为目标,在临床中发现问题,不断创新、坚持探索,推动我国医疗事业进步和发展。

第十八章
公共卫生学院"儿童少年卫生学"课程思政案例

课程负责人： 宋然然　华中科技大学同济医学院公共卫生学院

章节名称

儿童少年生长发育

课程目标

一、知识目标

掌握儿童少年生长发育指标体系和研究内容；熟悉儿童少年生长发育一般规律；了解生长发育进化论、生态观和整体观。

二、能力目标

提高儿童少年卫生领域问题的分析能力和解决能力，以及批判性思维和逻辑思考能力。

三、德育目标

引导学生树立整体观，增强职业责任感。

教学内容

①儿童少年生长发育指标体系和研究内容；儿童少年生长发育的一般规律。

②儿童少年生长发育进化论、生态观和整体观。

③儿童少年计划免疫内容。

思政素材

1. 素材一

叶恭绍教授——"只剩下我一个人也要搞儿少卫生科研，我不会去干别的事。"

1908年，叶恭绍教授出生于广东番禺县，她在协和医学院读书期间受到了"一盎司的预防胜于一磅的治疗"（1盎司≈28.35克，1磅≈453.59克）这句名言的启示，她朴素的为人民、为社会服务的思想，促使她选择了预防医学、妇幼卫生作为终身为之奋斗的事业。

叶恭绍教授毕业后到北平第一卫生事务所工作，主要任务是妇婴保健和儿童营养方面的。当时，她看到来所内看病的妇女和儿童，多数家境贫寒，母亲没有奶水，靠面糊喂养，很多孩子由于营养缺乏而发育不良。叶恭绍教授从预防观点出发，决定为这些孩子改善营养，便在所内建了一个豆浆站，把大豆和一些有营养的食品混合磨成加料豆浆，其营养素可与牛奶相当，但价格仅是牛奶的十几分之一。用加料豆浆代替面糊喂养婴儿，试用一段时期后，经门诊检查婴儿身体，效果很好。其后，又加以改进，制出更容易消化的炒豆浆粉，取得了显著效果。她还把当时的研究资料整理写成文章，发表在当时的医学刊物上。

2. 素材二

邓桂芬教授——为了下一代，她永不知疲倦。

邓桂芬教授大学毕业后就投身于儿童少年卫生和妇幼卫生工作。她遵循预防医学理论与实践相结合的工作原则，长期在农村、工厂及学校现场进行调查研究和技术指导工作,为广东省儿少卫生工作和事业的开拓倾注了大量心血,积累了极为丰富的现场工作经验。如20世纪50年代起,她在广州市等地进行儿童生长发育的调研,制定儿童生长发育的统计和评价方法,为调研和评价工作的规范化、标准化提供依据。1962年,她编写了儿童少年生长发育的统计和评价方法,用此标准法完成了由广东省卫生防疫站组织的课题——广东省8万余名儿童少年生长发育的调查报告。

随着医学模式的转变,儿童少年心理发育和心理卫生成为邓教授较早关注的课题方向之一。1986年后,邓教授开始对广东省儿童少年个性、智力等方面进行探索研究,对他们的青春期发育开展系统观测,了解其发育成熟度和认知与智力发展的关系,还利用骨龄、内分泌等生理生化指标评价和预测生长发育。儿童心理行为科学实验体系的建立是邓教授始终坚持的理念之一。早在1992年她就积极申请并获得了美国中华医学基金会(CMB)项目资助,在我国医学高校建立了首个儿童体质与行为研究室,结合儿童心理生理学开展具有开拓性意义的研究工作。

3. 素材三

徐苏恩教授——一台英文打字机的故事。

2023年,我国著名儿童少年卫生学家徐苏恩教授的亲属向复旦大学档案馆捐赠了一台徐教授使用过的英文打字机。这台英文打字机是20世纪30年代初徐教授留美归国时带回的,已有近百年历史,机身上还可以看到清晰的"ROYAL"商标。徐教授工作后,这台打字机一直放在原卫生系办公室作为公共物品使用,直至国产英文打字机逐步普及后,这台打字机才被徐教授带回家。徐教授任教期间,曾利用业余时间为系里青年教师辅导英语,开设补习班,至今打印机的盒盖上还夹有一份当时的"阅读理解"材料及答案手稿。(见图18-1)

徐苏恩教授是我国儿少卫生学科的开拓者、实践家和理论家。他一生忘我工作,诲人不倦,为发展我国的医学教育和公共卫生事业、增强中国儿童少年的体质和健康,做出了卓越贡献。他用生命践行使命,用情怀书写担当,生动诠释了"为人群服务"的奉献精神。

4. 素材四

"糖丸"爷爷顾方舟——一生只做一件事。

图 18-1　徐苏恩教授使用过的英文打字机及"阅读理解"材料

脊髓灰质炎,简称脊灰,在国内,俗称"小儿麻痹症"。1955年,我国多地暴发脊髓灰质炎疫情。1957年,31岁的顾方舟临危受命,开始进行脊髓灰质炎研究工作。次年,顾方舟在我国首次分离出脊灰病毒,之后又成功研制了"液体""糖丸"两种活疫苗,使数十万儿童免于致残。在疫苗研制的Ⅰ期临床试验阶段,为了检验疫苗对人体是否有副作用,顾方舟曾冒着瘫痪的危险,喝下了一小瓶疫苗溶液;一周过去,他发现自己的生命体征没有出现异常,于是又做了一个惊人的决定——让自己刚满月的儿子服用疫苗,证明疫苗对儿童同样安全。在顾方舟的感召下,同事们也纷纷给自己的孩子服用了疫苗。

顾方舟与同事研制出的脊灰糖丸疫苗不仅好吃,还能在常温下存放多日。1965年,全国农村逐步推广疫苗,自此,脊髓灰质炎发病率明显下降。(见图 18-2)

图 18-2　我国消灭脊髓灰质炎证实报告签字仪式

5. 素材五

天花疫苗的发明者——爱德华·琴纳。

天花疫苗的诞生是医学史上非常有名的故事,那还是 18 世纪末的事,故事的主角是英国医生爱德华·琴纳(Edward Jenner),为人类打败天花立下了汗马功劳。(见图 18-3)

图 18-3　爱德华·琴纳发明天花疫苗

6. 素材六

法国微生物学家、化学家路易斯·巴斯德。(见图 18-4)

狂犬病是最可怕的传染病之一,致死率为 100%。1880 年底,一位兽医带着两只病犬来拜访路易斯·巴斯德,希望他能研制出防治狂犬病的疫苗。根据天花疫苗的原理,路易斯·巴斯德设想,是否能将减去毒性后的狂犬病毒制成防治狂犬病的疫苗?历经多次动物实验,路易斯·巴斯德发现,病毒经过反复传代和干燥,毒性会减弱。他从病死的兔子身上取出一小段脊髓,悬挂在烧瓶干燥,并把干燥的脊髓组织磨碎加蒸馏水,制成了最初的狂犬病疫苗。路易斯·巴斯德在免疫学、微生物领域做出了巨大贡献,他以其坚强的意志、执着的精神和卓越的成就向世人诠释了人生的真谛。

思政元素

引入相关案例,介绍老一辈儿少专家为儿童少年生长发育做出的毕生贡

图 18-4　路易斯·巴斯德利用动物进行研究

献,让学生认识到正是他们不怕吃苦、甘于奉献的精神为儿童少年的健康成长奠定了基础;介绍科学家们刻苦钻研、精益求精研发疫苗的过程,让学生深刻意识到人类在抗击病毒、消灭疾病过程中取得的傲人成绩,引导学生树立整体观,培养学生的职业责任感,同时以辩证的角度认识心理行为发育,树立正确的科学观。让学生罗列我国政府实施计划免疫、构建儿童少年健康屏障中的有力举措,树立学生的生命健康整体观,加强学生的职业认同感,培养学生的职业责任感。

教学安排

首先,给学生展示素材一、二、三,让学生了解老一辈专家学者是如何在艰苦的条件下,不断创造条件探索儿童少年生长发育规律,为儿童少年健康成长付出毕生心血的,认识到专家学者们为了儿少卫生事业的发展所做出的巨大贡献,通过学习榜样树立正确的价值观,激发爱国主义情怀;通过向学生展示素材四、五、六中科学家们为了研制疫苗,在艰苦的环境中不断探索、不断尝试,最终消灭疾病的过程,增强学生的职业认同感。

其次,介绍我国计划免疫和免疫程序,随着科技进步,从最早的"四苗防六病",逐渐增加到"五苗防七病",随后又新增了甲型肝炎疫苗、乙脑疫苗、流脑多糖疫苗、风疹疫苗、腮腺炎疫苗、钩体病疫苗、流行性出血热疫苗和炭疽疫苗,从全方位保证儿童少年健康成长,构建全民免疫屏障。从国家政策层面引导,增强学生的民族自豪感和爱国情怀,增强"四个自信"。

最后，要求学生分析预防医学在儿童少年生长发育过程中的重要作用，让学生体会从事儿童少年卫生工作的使命与责任，树立全人类大健康观，感悟我国的制度优越性。

特色和创新点

第一，引入儿少专家先进事迹，提高学生的爱国、敬业、诚信、友善修养，增强学生对党的创新理论的认同感。以典型疫苗为例，介绍在疫苗研发过程中，科学家们在艰苦的条件下，不断探索、不断尝试、精益求精、慎独敬业，最终成功研制出疫苗，使某些传染性疾病彻底消灭，为儿童少年的健康成长贡献了不可磨灭的力量。当代大学生在成长过程中均接受过计划免疫，对此更有认同感。

第二，教学方式灵活，老师提供经典案例、先进事例，学生查阅文献资料，通过小组汇报的方式展现科学家们为了人类的健康不懈奋斗、不怕牺牲的精神，并启发学生思考我国全民健康免疫屏障构建取得成功的根源以及制度优势。

效果体现

第一，通过案例与图片，学生直观地感受到专家学者在儿童少年生长发育过程中所付出的艰辛努力，体会不懈奋斗、不断探索的科研精神。由点至线，由线至面，从点出发，既讲授了儿童少年生长发育的重要理论知识，也向学生传达了一种科学至上的整体观念，树立学生的职业认同感。

第二，启发学生在传染病控制的基本框架下，总结中国的计划免疫成效，提升学生分析问题和归纳总结的能力。

第三，在分析当前我国制度对保证儿童少年生长发育的重大作用中，抽丝剥茧，层层深入，引出制度优越性，逐渐增强学生的"四个自信"，树立全面健康观，增强职业自豪感。

第十九章
基础医学院"组织学与胚胎学"课程思政案例

课程负责人： 叶翠芳　华中科技大学同济医学院基础医学院

章节名称

第十二章　眼和耳/眼

课程目标

一、知识目标

①能解释眼球壁的三层结构，能阐述角膜、巩膜、虹膜、睫状体和脉络膜的结构特点和功能。

②能阐述视网膜的结构特点，辨析两种感光细胞的结构和功能差异，解释黄斑和视盘。

③能描述眼球内容物的结构特点和功能，并能阐述房水循环通路。

④能描述眼睑的分层，能辨认睑板腺、睫腺和睑缘腺。

二、能力目标

①观察和辨析能力。能在显微镜下辨认眼球壁的各层结构、视网膜的四层细胞；识别眼睑中的皮脂腺、睫腺、睑缘腺和睑板腺。

②基础联系临床的分析能力。能根据眼球屈光介质的组织学特点分析近视眼、老花眼、白内障、青光眼等疾病的成因。

三、德育目标

①增强政治认同、家国情怀。
②培养救死扶伤的医者精神、不遗余力的奉献精神。
③培养严谨求是的科学精神,乐于发现、勇于探索的进取精神。
④培养团队协作精神。
⑤树立大健康理念和以健康促进为中心的医疗意识。

教学内容

①眼球壁纤维膜的组成,角膜和巩膜的结构特点和功能。
②眼球壁血管膜的组成,虹膜、睫状体和脉络膜的结构特点和功能。
③眼球壁视网膜的细胞组成,各层细胞结构特点以及两种视细胞的结构与功能异同点。
④眼球内容物的组成,房水循环通路,晶状体和玻璃体的结构特点和功能。
⑤眼睑的分层以及睫腺、睑缘腺和睑板腺的结构特点。

思政素材

(1)全国"爱眼日"。

在课前导入环节,引入全国"爱眼日"的由来:1992年,天津医科大学眼科教授王延华与流行病学教授耿贯一首次倡议设立"爱眼日",倡议得到响应并将每年的5月5日定为全国"爱眼日";1996年,卫生部、教育部、团中央、中国残联等12个部委联合发出通知,将"爱眼日"活动列为国家节日之一,并重新确定每年的6月6日为全国"爱眼日"。

(2)典型人物故事。

在讲授角膜的结构特点时,教师可引入中国器官移植之父、华中科技大学同济医学院附属同济医院夏穗生教授捐献角膜的故事。讲述"毕生耕耘 鞠躬尽瘁——器官移植之父夏穗生"的典型事迹,夏穗生教授曾形象地说:"我们这一代是中国器官移植的拓荒者,目的是为后来人开辟一条通往顶峰的道路,这条路拓得越宽阔越有利于后来者攀登。"2019年4月16日,夏穗生教授辞世,享年95岁,家属遵从老人遗愿捐献其角膜,并向同济医院器官移植研究所捐献100万元用于医学研究。夏老为了器官移植事业鞠躬尽瘁,死而后已。生前,为我国器官移植奠基;殁后,为他人留下光明。引导学生学习科学家的爱国情怀,锲而不舍、勇于攀登的科学精神,护佑生命的医者精神和不遗余力的奉献精神。

(3)健康中国战略之视力保护。

在讲授睫状体的结构和功能时,教师可引入如下资料。2018年世界卫生组织的研究报告显示,我国近视患者高达6亿人,特别是青少年近视率位居世界第一,且发病率呈快速增长态势,这不仅是一个严峻的公共卫生问题,还是一个关系国防安全的重大问题。国家卫生健康委员会(简称国家卫健委)、教育部等发布了《综合防控儿童青少年近视实施方案》《关于加强儿童青少年近视防控工作的指导意见》,到2030年,实现儿童青少年新发近视率明显下降,小学生近视率下降到38%以下,初中生近视率下降到60%以下,高中生近视率下降到70%以下。在卫生健康部门指导下,严格落实学生每学期2次视力监测制度,守护视力,遏制近视需"政、校、家、医"多管齐下,建立中小学生视觉档案,增加户外活动时长。以此案例启发学生做好社区视力保护的宣传工作,建立大健康理念和以健康促进为中心的医疗意识。

(4)抗美援朝战士爱国故事。

在讲述视杆细胞的结构和功能时,教师可引入抗美援朝时期战士因物资匮乏摄入维生素A不足而患上夜盲症的故事。抗美援朝,保家卫国,由于后勤补给路线被美军轰炸,后勤物资保障极度困难,战士们长期吃不到蔬菜,以炒面充饥,很多人得了夜盲症。工程队白天不能施工,机场修建不得不在夜间进行。视力模糊的队员们夜间施工经常摔倒,一晚上摔得鼻青脸肿的情况司空见惯。直到后勤保障有所改善,送来了黄豆等食品,队员们的夜盲症才逐步痊愈。以此故事引导学生感受和平时期的幸福生活,提升家国情怀,努力学习,报效祖国。

(5)色盲症的发现。

在讲述视锥细胞的结构和功能时,教师可引入道尔顿发现色盲症的故事,启发学生在学习、科研、医疗和生活中要养成善于发现、乐于思考和乐于探究的科学精神。

(6)科技前沿。

在讲述晶状体的结构时,教师可引入我国老年人患白内障的发病现状,如何维护老年人眼健康的话题。白内障是当今世界最主要的致盲性眼病之一,手术是治疗白内障最有效的手段。在我国,实施白内障手术所必需的人工晶状体目前仍主要依赖于进口,国产份额有限。介绍我国重点研发计划项目新一代"交联聚烯烃"人工晶状体的研究和应用现状,启发学生学好基础知识,训练科研思维,善于团队协作,用科技兴国,用科技服务病患。

思政元素

①政治认同、家国情怀。介绍抗美援朝志愿军战士患夜盲症的故事,激发学生的爱国情怀和民族自豪感。

②大健康理念和以健康促进为中心的医疗意识。教育学生关注全民眼健康,尤其是青少年近视眼和老年人白内障的防控与治疗;鼓励学生加入爱眼、护眼的宣教活动中。

③救死扶伤的医者精神、不遗余力的奉献精神。讲述人民的医生夏穗生教授开辟我国器官移植之路的科学精神以及逝后捐献角膜的故事,引导学生感悟医学大师的奉献精神。

④严谨求是的科学精神,乐于发现、勇于探索的进取精神。介绍道尔顿发现色盲症的故事以及中国科学家在人工晶状体研究领域的贡献,启迪学生的科学思维,培养创新的科学精神和团队协作能力。

教学安排

采用 BOPPPS 教学模式设计课堂教学。

(1)课程导入(bridge in)。

播放新华视频——"爱眼日"MV,介绍全国"爱眼日"的由来,引出本次课的学习内容。

(2)学习目标(objective)。

明确本次课的知识目标和能力目标,价值目标在教学过程中潜移默化地实现。

(3) 课前测(pre-assessment)。

基于超星课程平台或微助教平台发放课前测：眼球好比一架可自动调焦的照相机，你知道眼的屈光介质有哪些吗？总结学生的回答并给予补充。

接着提问：这些屈光介质参与眼成像的组织学结构基础是什么呢？进入本次课的重点学习环节。

(4) 参与式教学(participatory learning)。

在专业知识的教学过程中有机融入课程思政素材，切入课程思政的专业知识点如下。

①角膜的结构特点。角膜具有缺乏 MHC Ⅱ、分泌免疫抑制因子、无血管和淋巴管等特点，因此角膜移植成功率很高，在90%以上。教师引入中国器官移植之父、华中科技大学同济医学院附属同济医院夏穗生教授捐献角膜的故事，引导学生学习夏老开辟中国器官移植领域的科学创新精神和奉献精神，让医者仁心的价值目标入脑、入耳和入心。

②睫状体的结构与功能。睫状体通过睫状小带调节晶状体曲度而视近物或远物。教师在讲解此部分时引入我国青少年三大眼疾：近视、弱视和斜视，保护儿童眼健康是健康中国战略的重要部分，健康中国战略推出了一系列帮助儿童青少年眼健康的策略和措施。通过思政案例的引入引导学生树立以预防为主和为人民健康服务的大健康理念。

③视细胞的结构特点与功能。视杆细胞能感受弱光的刺激，维生素 A 是合成感光物质视紫红质的重要原料。教师引入抗美援朝志愿军战士患夜盲症的故事，推荐学生去观看关于抗美援朝的红色影片《长津湖》《狙击手》等，增强学生的爱国情怀和提升民族自信。

视锥细胞能感受强光的刺激以及感知颜色，教师在讲解此部分时引入道尔顿发现色盲症的故事，引导学生在学习、科研以及医疗过程中培养善于观察、善于探究和勤于思考的习惯。

④眼球内容物的组成。眼球内容物包括房水、晶状体和玻璃体，在讲授房水循环时，教师介绍青光眼的成因，将基础和临床知识相结合，引导学生学好基础知识，为进入临床打牢根基；在讲授晶状体结构时，引入我国中老年人老花眼和白内障的高发病率现状，以及我国科学家在研发人工晶状体领域的贡献，引导学生对老年人眼健康的关注和宣教，以及认识医学和工学、理学等多学科的交叉融合对医疗事业发展的积极推进作用，鼓励学生做"医学+"的卓越医学生。

(5) 课后测(post-assessment)。

发放眼球壁的显微图片,请学生辨析和识别各层结构。

(6) 总结(summary)。

总结本次课的主要内容,对学生课堂互动和课后测情况给予反馈和评价,布置课后自学的任务。

(7) 课后作业。

完成慕课和数字切片平台的章节练习题。

特色和创新点

①人民健康是民族昌盛和国家富强的重要标志。新医科教育的内涵之一,即给传统的医学教育注入大健康理念。医疗要把以治病为中心转变为以人民健康为中心。本次课引入关注全民眼健康的思政素材,增强学生的大健康意识和理念,增强职业责任感和使命感。

②培养创新医学人才是新医科建设的重要举措之一。新医科教育注重学科交叉融合,通过医学和理学、工学、农学和文学等多学科的深度交叉融合,创造新知识和新技术。本次课引入人工晶状体的研究现状和临床应用,启发学生认识到人工晶状体即为多学科融合的产物,学好各科基础知识,努力成为"医学+"的创新人才。

③本次课融入的典型人物故事既契合专业知识内容,又承载了多个维度的思政元素,如政治认同、爱国情怀、文化自信、科学精神和奉献精神,利于价值目标的实现。

效果体现

在课程中介绍我国健康中国战略的系列措施,引导学生建立以维护人民健康为中心的大健康理念。课程思政教学反馈显示:学生初步建立了大健康理念,针对有不良生活习惯的人群设计了翔实可行的健康宣教方案,并能主动利用假期对身边的亲朋好友或社区居民进行健康宣教活动。这一结果显示学生提升了心系人民健康的职业责任感和使命感。同时,学生学习科学家为解除人类疾病而敢于探索和乐于奉献的科学精神,懂得当下要努力掌握更多的医学知识,有了扎实的理论知识才能更好地服务人民的健康。此外,学生通过学习典型人物故事,也增强了政治认同、爱国情怀和民族自豪感,提升了创新思维能力和团队协作能力,实现了多个维度的价值目标。(见图19-1和图19-2)

学生1:
针对有不良生活习惯的亲朋好友,我的健康宣教提纲如下。
一、了解不良生活习惯对健康的影响
① 介绍常见的不良生活习惯,如吸烟、酗酒、缺乏运动、不规律饮食等。
② 阐述这些不良生活习惯对身体健康的影响,例如增加患心脏病、中风、癌症等疾病的风险。
二、强调保持健康的重要性
① 强调保持健康对于生活质量、工作能力、家庭和社会责任等方面的重要性。
② 说明健康的生活方式可以预防疾病,提高身体素质和免疫力。
三、提出改善生活习惯的具体建议
① 针对不同不良生活习惯,提出具体的改善建议,例如戒烟、限制饮酒、增加运动量、规律饮食等。
② 强调改善生活习惯需要坚定的决心和持之以恒的努力。
四、分享成功案例和经验
① 分享一些成功改变不良生活习惯的案例,以激励他们积极改变。
② 分享一些健康生活的经验和技巧,如健康饮食、运动方法等,以帮助他们更好地实施健康生活方式。
五、鼓励他们树立信心,开始行动
① 鼓励他们树立信心,相信改变不良生活习惯对自身健康的重要性。
② 鼓励他们从今天开始,一步一步地改变自己的生活方式,逐渐形成健康的生活习惯。

通过以上宣教提纲,我希望能够帮助亲朋好友认识到不良生活习惯对健康的危害,并引导他们积极改变生活方式,迈向健康的生活。

学生2:
制定健康宣教提纲需要考虑到个体差异、文化背景、教育水平等因素。以下是一份简要的健康宣教提纲。
主题:维护健康,远离不良生活习惯。
一、引言
① 引入健康中国战略的核心理念:以人民健康为中心。
② 强调个体的健康责任,与国家战略相呼应。
二、认知不良生活习惯的危害
① 针对吸烟、饮酒、不规律饮食等不良生活习惯逐一介绍其对健康的潜在危害。
② 利用统计数据和实例展示相关疾病的发病率,强调生活方式与健康的紧密关系。
三、树立健康意识
① 介绍保持健康的重要性,以及健康对个体生活质量的积极影响。
② 解释健康意识对预防疾病、提高免疫力的作用。
四、具体健康建议
① 提供戒烟、戒酒的科学方法和心理支持。
② 强调均衡饮食、适度运动的重要性。
③ 提醒保持规律的作息时间,保证充足的睡眠。
五、分享成功案例
① 分享一些成功戒烟、戒酒等改变生活方式的案例。
② 突出个体努力的重要性,鼓励亲朋好友加入健康的行列。
六、互动与答疑
① 鼓励听众提问,解答相关疑虑。
② 提供支持和鼓励,营造一个积极的学习和改变氛围。
七、总结
① 重申健康中国战略的重要性。
② 鼓励亲朋好友在日常生活中实践健康理念,共同追求健康生活。

图 19-1 学生实施健康宣教计划的提纲示例

学生3：
一、了解不良生活习惯对健康的影响
阐述不良生活习惯如吸烟、酗酒、不规律作息、不健康饮食等对身体的负面影响，以及长期积累可能导致的疾病，使对方充分认识到改变不良生活习惯的重要性。
二、养成健康的生活习惯
介绍健康饮食：强调均衡饮食，多吃蔬菜水果，减少高热量、高脂肪食品的摄入。
规律作息：强调充足的睡眠和适当的运动对身体的益处，建议保持规律的作息时间。
戒烟、戒酒：强调戒烟和限制酒精摄入对身体的益处，以及如何逐步减少对烟酒的依赖和戒除烟酒。
心理健康：强调心理健康与身体健康同等重要，建议保持良好的心态，学会自我调节和寻求心理帮助。
三、提供具体的建议和帮助
提供健康食谱和运动计划，帮助对方确定适合自己的健康生活方式。
提供戒烟和戒酒的技巧和建议，如逐渐减少烟酒的摄入量，寻求专业帮助等。
提供心理调节的建议和资源，如学习冥想、瑜伽等放松方式，以及寻求心理咨询等。
四、持续监督和鼓励
定期跟进对方的生活习惯改变情况，给予鼓励和支持。
提醒对方保持健康的生活方式需要持续的努力和自我监督。
提供持续的健康知识和支持，帮助养成健康的生活习惯。

学生4：
一、明确宣教对象
要先了解身边人的生活习惯，然后根据他们不良生活习惯的严重程度分类。如：吸烟、喝酒的人分为一类。
二、以逐步深入的方式宣教
首先指出对方有哪些不良生活习惯，建议他改正；如果对方没有任何反应，再进一步向对方介绍不良生活习惯可能导致的问题，以及相关的致病机理(以通俗易懂的方式介绍)。
三、长期的监督和提醒
向对方表明自己是医学生，增加自己话语的可信度，提高对方的重视程度。同时不良生活习惯的改正不是短时间能完成的，还要伴随长期的监督。
四、再宣教
可以组织成功戒掉不良生活习惯的人向周围人群进行再宣教，这样既节约人力资源，又能增加可信度，让宣教活动真正走进社区生活。

续图 19-1

学生1：学习了融入的知识点，让我认识到在面对疑难疾病和科学未解之谜时，我们应该怀着一颗敢于质疑和追求真理的心，勇于探索和创新。只有通过不断的实践和检验，才能真正推动科学的进步和医学的发展。科学家的故事告诉我们，科学家和医生们需要坚定而勇敢地站在最前沿，与疾病做斗争，并为人类健康做出贡献。学习这些内容，让我对学习基础医学知识的重要性有了更深刻的认识，也增强了我对健康的重视。我们生活在一个高压、快节奏的社会中，很容易忽略自己的健康需求。然而，只有拥有健康的身体，才能更好地投入工作和生活，真正享受生命的美好和幸福。因此，作为一名医学生，我决定从现在开始更加关注自己的饮食、运动和生活习惯，尽可能地预防系统疾病的发生。我会选择健康的食材，合理搭配饮食，减少烟酒的摄入，积极参与体育锻炼，保持良好的身体状态。同时，我也会加强对健康知识的学习和了解，及时关注相关的新研究成果和医学进展，以便更好地应对潜在的健康风险。

学生2：首先，我国相关疾病的高发病率让我更加明确了将来做医生所要担负的责任，也让我更加明白了学习相关知识的现实意义；其次，伟大科学家前辈的故事对我当前的学习有一定的激励作用，促使我提高自身思想境界、职业道德；最后，随着课程进行，我对人体健康的概念有了更加细致的了解，不再盲目定义某人为健康，而是学会了通过综合因素判断。

学生3：这些知识点让我意识到了健康教育的重要性，以及医者在社会中的责任。作为医学生，我们是未来医疗保健领域的实践者和前锋队，了解疾病发病率和科学家的故事可以激发对专业知识的学习兴趣，同时也提醒了我作为医者的职责。大健康理念强调了个人健康管理的重要性，包括戒烟、爱护眼、保护内脏器官等。这些知识点让我意识到医者不仅需要具备专业知识，还需要积极参与健康宣教、大众科普，提高社会大众的健康意识，促进其行为改变。

图 19-2　学生对课堂教学的反馈

学生4：作为一个医学生，在课堂中融入这些知识点让我产生了深刻的触动。首先，了解到消化系统、呼吸系统恶性肿瘤的高发病率和死亡率，提醒我身体健康的重要性。这促使我更加珍惜自己的健康，特别是在饮食和生活方式方面。这些数据也激发了我对医学和公共卫生领域的兴趣，让我认识到预防和早期检测的重要性。科学家的故事，让我感受到科学研究的探索精神，告诉我要在追求知识和解决问题时勇于创新和质疑。科学家的工作不仅仅是关于知识的，还关乎对人类健康的改善。总的来说，这些内容激发了我对科学研究的兴趣，使我更加珍惜健康，同时也启发我追求知识并勇于探索未知领域。

学生5：我们可以从科学家为了探寻真理和拯救患者生命的勇敢和坚持中学到，要在学术和实践中保持严谨的态度，敢于质疑权威，勇于探索创新。同时，也要珍视每一位医护人员的付出和努力，尊重科学，相信科学。我认为这些内容提醒了我们应该更加重视健康，积极学习相关知识，以便更好地保护我们的健康。同时，我们也应该向这些为科学和人类健康付出的科学家们致敬。

学生6：我从课堂教学中了解到发病率和死亡率位居前列的恶性肿瘤，提醒我们对这些疾病的重视和关注。除了关注日常的健康饮食和生活方式，还要更加重视预防和早期发现这些疾病。而且，身为一名将来的医务工作者，我更应该具有责任意识和危机意识，时刻牢记健康中国建设的嘱托，力求做好普及工作、预防工作与治疗工作。

学生7：老师分享的故事让我对在日常生活中注重健康有了更进一步的了解，同时科学家为科学献身的追求真理精神也值得我们学习。作为一名医学生，我们不仅应该认真学习人体各系统的构成和生理学特征，更应将学到的知识与日常生活结合，以医者之心帮助其他没有系统学习过医学知识的人们，告诉他们正确的生活习惯。同时，作为一名医者，我们也应该时刻保持探索学习的热情，这样才能为医学事业的发展做出贡献。

学生8：医学事业的发展离不开一个又一个先驱的不断探索，甚至是以身试险，他们为了人类的健康而终身奋斗。科学家对科学研究的执着和献身精神令我敬佩，他们的故事激励我在面对困难和挑战时，要有坚韧不拔的精神，勇于探索未知。

学生9：老师讲解的我国恶性肿瘤的发病率和死亡率令人惊恐，我的感想是我们应该从以下几个方面进行改进。早期检查：早期发现和治疗对于提高治愈率具有重要意义。我们应该重视早期诊断，并采取定期进行相关检查的措施，以便早发现并处理问题。健康生活方式：保持健康的生活方式，如均衡饮食、适量运动、戒烟限酒等，有助于降低患恶性肿瘤的风险。我们应该积极倡导和实践健康的生活方式，提高自身免疫力，增强身体的抗病能力。科学治疗：对于已经确诊的恶性肿瘤患者，医生应该采取科学的治疗方法；同时患者应该与医生密切合作，保持乐观心态，积极配合。教育宣传：通过媒体、公益组织和医疗专业机构等，加强对相关知识的宣传教育，提高大众对疾病的重视程度。

续图 19-2

参考文献

[1] 王宇明.高校课程思政教学成效评价体系构建的价值、难点及优化策略[J].新乡学院学报,2023,40(10):66-68.

[2] 解佳龙.基于CIPP模式的高校课程思政教学评价体系构建[J].黑龙江教师发展学院学报,2023,42(07):45-48.

[3] 杜震宇.一切有形,皆含道性——高校理工科课程的课程思政原则与教学策略[J].高等理科教育,2021(01):19-25.

[4] 中华人民共和国教育部,国家卫生健康委员会,国家中医药管理局.关于加强医教协同实施卓越医生教育培养计划2.0的意见[EB/OL].(2018-9-17).https://www.gov.cn/zhengce/zhengceku/2018-12/31/content_5443536.htm.

[5] 福建省商贸协会.华南教育信息化研究经验交流会2021论文汇编(六).[C]//[出版者不详],2021.

[6] 马飞虹,郝鹏,梁艳秋,等.医学专业课程中构建思政式教育现代化教学模式初探[J].黑龙江医学,2023,47(18):2245-2247.

[7] 韦君曼,蒋娟.新医科背景下医学院校专业教师践行课程思政的路径探究[J].锦州医科大学学报(社会科学版),2023,21(05):5-8.

[8] 潘梅竹,徐刚,朱静芬.临床医学专业的《预防医学》课程思政教育探索[J].现代预防医学,2021,48(09):1725-1728.

[9] 王曦,严晓玲,罗林枝,等.中、英两国公共卫生院校教育和毕业后教育比较[J].中国公共卫生,2023,39(01):11-15.

[10] 陈然,朱猛,杭栋.预防医学专业流行病学课程思政教学的实践探索[J].大学,2023(12):99-102.

[11] 刁传秀,徐玉梅.新时代"健康中国战略"融入医学生思想政治教育的价

值遵循[J].中国卫生事业管理,2021,38(02):135-138.

[12]　魏亚敏,茹泽园,田佳,等.课程思政在医学生培养体系中的构建与探索[J].中国继续医学教育,2021,13(16):77-80.

[13]　卢佳佳.课程思政背景下高职院校教师队伍建设现状及对策研究[J].产业与科技论坛,2021,20(11):255-256.

[14]　管敏.新时代大学生对高校"思政课"教师的角色期望研究[J].科技资讯,2021,19(03):136-138.

[15]　Zou Q. Exploring the Education Reform of Architectural Drawing and Drafting Under the Background of Curriculum Ideology and Politics [J].当代教育研究(百图),2022,6(3):40-48.

[16]　陶然,曲鹏,郑敏,等.对医学专业课程实施课程思政的思考[J].教育教学论坛,2020(22):58-59.

[17]　李缘媛,赵亮,陈佳欣,等.医药卫生领域课程思政教学效果评价研究[J].中国医药导刊,2021,23(06):477-480.

[18]　胡阳,石立莹,李梅.医学微生物学课程思政教学设计及评价方法[J].医学教育研究与实践,2019,27(03):476-479.

[19]　代涛.医学信息学的发展与思考[J].医学信息学杂志,2011,32(06):2-16.

[20]　王曹,蔡煜锋,虢毅,等.新医科背景下医学院校大数据专业人才培养实践与启示[J].医学信息学杂志,2023,44(04):93-98.

[21]　谢娜.高校外语课程思政多维评价体系构建[J].南昌师范学院学报,2023,44(04):115-119.

[22]　范美玉.健康数据科学学科建设现状及在健康医疗领域的应用[J].中国社会医学杂志,2023,40(05):519-521.

[23]　中华人民共和国教育部.关于印发《高等学校课程思政建设指导纲要》的通知[EB/OL].(2020-5-28). http://www.moe.gov.cn/srcsite/A08/s7056/202006/t20200603_462437.html.

[24]　蔡其伦,李芳芳.基于OBE教育理念的大学英语课程思政教学评价研究[J].邯郸学院学报,2022,32(02):107-111.